喬木書房

喬木書房

誰是聰明人

Who is Smart

人生不在於拿到一副好牌，而在於如何把一副很爛的牌打好！

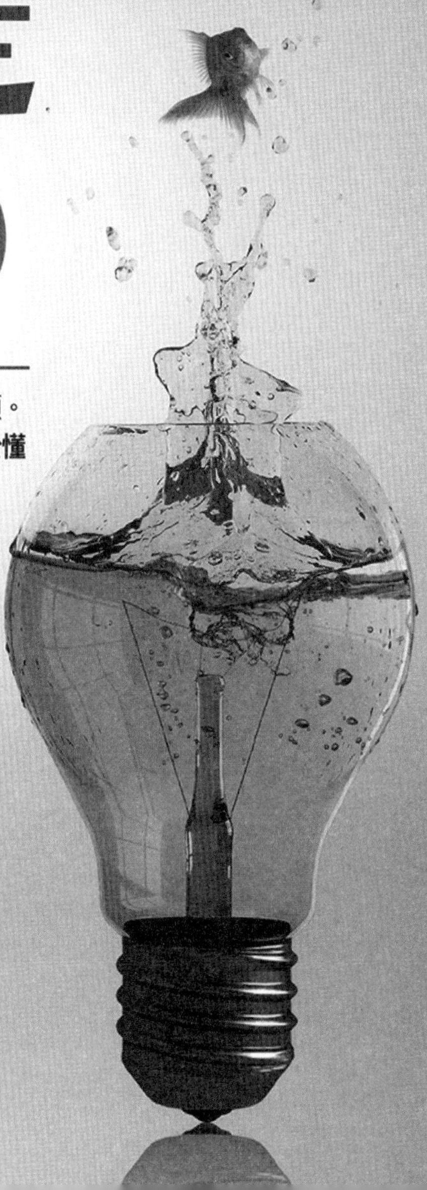

世上沒有人一生都事事如意，一帆風順。要學會掌握自己的人生，**祕訣往往在於懂得接受現實，適應環境，全力以赴。**

肖劍 /著

目錄

前言 ……… 13

發牌的是上帝，出牌的是自己 ……… 18

「人生也是如此，發牌的是上帝，不管怎樣的牌你都必須拿著，你能做的就是盡你全力，求得最好的結果。」上帝把你分到了一個「人生普通班」：沒有顯赫家室，沒有萬貫家財，沒有傲人容顏，沒有過人天賦，那麼你能不能考過「重點班」呢？

財富面前的智慧博弈 ……… 26

我自認為我沒有足夠的防禦能力，當時公家機關的薪資很低，上班後要添購些衣服，要與女朋友準備結婚，要給家裏寄錢，在這種情況下，如果有人賄賂我，讓我做出不容許的事情，我想我會就範的；那麼，我在這個職位上做下去，只能是害了我自己。

長久的預期 ……… 34

有一句西方諺語說：「如果你在河流的上游洗了腳，那麼肯定有一天你會在下游喝到你自己的洗腳水。」一個人如果對明天還抱有期望，那麼最聰明的做法就是把手頭上的事做好；預期越高，那麼對今天的要求也要越高。因為他們都知道：「明天是今天的結果。」今天種下什麼因，明天就會結下什麼果。

培養好的財富習慣 ……… 40

財富只屬於它真正的主人，你如果沒有駕馭它的本領，那麼，它即使來得很快，也會去得很快。只有在長久的投資理財過程中掌握了真正的本領，養成良好的財富習慣，它才會成為你忠誠的奴隸。

走，或者是等 ……… 46

社會上風風雨雨，一顆太脆弱和敏感的心是不行的，動不動就容易受傷，就要回到殼裏療養，這樣就會形成一個習慣和惡性循環。

人是要有抗擊打能力的。武俠小說裏的師父在教徒弟的時候，第一課往往是不學打人，先學挨打。刀兵拳腳相加，你比對手多站起來一次，你就是勝利者。

人在江湖漂，誰能不挨刀？休息和療傷是需要的，但更需要的是承受力、毅力和堅強。

做生意就是要讓別人賺到錢　………　54

生意場上，有句刻薄的話，叫做「無利不起早」，話不好聽卻有道理，大家的往來是因為有利可圖。我跟你合作不是幫你的忙，是要讓我賺到錢，我老婆的化妝品、孩子的學費、房子的貸款等等都等著我呢，不賺錢行嗎？如果我不能從跟你的合作中賺到錢，那咱們就是情義朋友而不是生意朋友了。

登高而招，順風而呼　………　62

勢者，市場之大勢、走勢也。順勢而為，就是要跟著市場的大方向來做。市場向多，你就跟著主流板塊做多；市場步入調整期，你就偃旗息鼓，潛心做功課。一旦一種趨勢形成，總要持續一段時間。就像一個演藝公司捧出一位知名的明星，不讓他（她）紅上一段時間，怎麼賺錢啊？

金錢的三個階段　………　69

東奔西走，蠅營狗苟，在辛苦了很多年以後，總有一天，我們忽然會發現：錢，沒有了那麼多的意義。也許一份寧靜平和的生活，才是我們最終的最愛。解決了生活問題之後，更多的金錢就如同身上的脂肪，成為累贅和額外負擔。多餘的那些玩意，不要也罷，省卻了諸多麻煩。金錢，剛開始是你苦苦追尋的「主人」，漸漸成為「奴僕」，最

他們不知道要錢做什麼，也不知道自己到底需要多少錢，反正就是想盡辦法地去撈去貪。他們冒最大的風險去賺那些最不需要的錢，用前途、榮譽和性命去玩一個數字遊戲：銀行存款的數字在增長又不敢花，又不敢讓人知道，不是在證明自己的成功，而是留著最後給自己做定罪的證據。

孩子是我們未來最大的財富，是我們最大的投資，而且，在我們做生意的時候，這次失敗了，下次再來，只要我們還有一口氣，總是會有機會的，可是對孩子的教育呢？錯過了一站，就有可能錯過了一生！豈能掉以輕心？

一個沒有尊嚴的人，可以擁有生命，擁有健康，擁有財富，甚至可以用某些手段獲得一定的地位，但他永遠不會贏得尊重。

一個人如果擁有了尊嚴，那麼由此激發的力量，可以去為他自己贏得一切，包括財富、地位等等。

有了尊嚴，我們可以堂而皇之地擁有一切；失去了尊嚴，即使我們暫時地擁有了什麼，

前言

如何富？

富如何？

大家都在擠一輛公車。

座位少、人又多，大家又都很著急，秩序也不是很好。開始時還有可能排隊，但總會有人打亂秩序，也有君子在謙讓，也有人「急不擇路」甚至於從窗戶爬過去總之是什麼樣的狀況都有。

一會兒之後，便有了兩個世界：車上的世界和車下的世界。有了兩種人：車上的人與車下的人，也就是那些或排隊、或身強力壯擠了上去、或於窗戶爬過去，以及因為各種原因沒有上了車的人。

沒有上去的時候，大家都著急，希望自己能上車時還有座位還有站立的地方，但多數的人在自己一上車之後就希望車門關起來，不管車上的情況與車下的情況—車上的人越少，車下的人越多，則自己的優越感就越強。

在車上，也會有些許的微妙。剛上車的喜悅和滿足中冷靜下來後，沒有座位的開始不懷好意地盯著坐在自己身邊的人，希望他盡快下車，座位不是很好的人也希望在行程中有機會調整座位，靠在窗戶看更多的風景或者是坐到前面去。

車下的人看車上的人，那目光和心態就更複雜了，對於堂堂正正的君子有敬佩，對於擠上車的人有羨慕；對於靠窗戶爬過去的有無奈，對於拿條子開後門者的有仇恨！

自己下一步該怎麼辦呢？仿傚哪一種人呢？學君子吧，怕難敵小人；學小人吧，放不下身段和面子；學暴徒吧，又怕員警趕到；找條子吧，恐怕沒有那個門路。

如果把這輛公車定義為富人俱樂部，那麼可以說：不管以什麼手段上了車的人，已經成為了富人的一員；而尚未上得了車的人們，則不幸要被稱為勞苦大眾了。

在今天這個社會，我們可以界定出兩個基本問題：

一、如何富？如何運用正當合法的手段使自己富裕起來？

為什麼要說「正當合法的手段」呢？因為「鑽窗戶」和「找員警」的機會會越來越少，而且法律說了，「只保護合法的私有財產」。那麼，即使你一時僥倖，鑽了過去或走後門上了車，也坐不踏實，很可能會被清理下來，或直接被拉到牢房去！

二、富如何？這個在眾人複雜目光中的「公車」如何安全行駛？車上的人如何與車下的人在一個社會中和諧共處？

這是一個非常重要但被很多人忽略的問題。三十多年前，社會雖然物質匱乏，但平等程度很高，而在今天的社會轉型期，面臨著許多新的問題：貪污嚴重，財富越來越向少數人集中；致富的機會不均等，很多人的富裕難以令人信服；「富人俱樂部」的成員，沒有承擔起足夠的社會責任。如果「富人俱樂部」成為被廣大沙漠包圍的「綠洲」，那麼其不但難以成為社會的中堅力量，而且自身的安全也堪虞。

窮人如何致富？富人如何自處？窮人與富人如何共處？思考和解決這些問題，是建設和諧社會中的應有之義。

對上述兩大問題的思考和探索就是本書的主旨。

本書不是專題理論研究，而只是筆者為幾家財經媒體所撰寫的專欄文章的整理集輯。對於經濟學、社會學等學科，筆者只是一個「業餘選手」，對於許多高深先進的理論，也經常如墜雲霧之中。在理論和政策的殿堂之前，我是望而卻步的。

但是，在與被冠以各種「專家」、「學者」頭銜的朋友們聊天對話時，我也並不覺得自己的「淺薄和無知」。確以為經濟學等社會科學都是老百姓生活中的學問，就像西方法院的陪審團一樣；你們專業律師去辯論，但結論是要由這些老百姓組成的陪審團來做出。法律的最高原則是自然法，老百姓如果搞不清楚，那不是老百姓有問題，而是法律出了問題。同理，社會科學的原則是非常簡單的，所有複雜的結論都是以最簡單的原理推算出來的。如果這些學問遠離了大眾，把自己封閉到一個小圈子中去，那就是所謂專家的一個「陰謀」；他們讓你望而生畏，不去搶他們的飯碗，而且對他們保持距離和敬意。

鑑於以上思路，筆者鬥膽把自己對如何讓發家致富和富裕起來之後，如何與社會大眾和諧相處的一些思考和建設妄言出來，也許能給我們一點有益的啟示。

我有一點小小的自信：這些文章在幾家媒體上都是很受歡迎的。而且，先前所出版的《你在忙什麼》再版很多次，被很多公司列為員工的培訓教材；該書在台灣出版後，在非文學排行榜上也有好長一段時間；有許多讀者來函來電，甚至是執意登門與我探討一些問題。這些良好的反映是我繼續為一些媒體寫文章的理由，否則就沒有顏面再去浪費雪白的紙張和大家寶貴的時間了。

當然，作為一本圖書來出版，這些文章也有不足之處。首先就是因為寫作時間拖得較長，當初引發筆者感慨的一些事情已經淡出大眾記憶成為舊聞；再來是當時由於專欄的篇幅限制，有些問題不容展開討論，在收入本書時又進行了整理，難免有不連貫的地方；這些，還要請各位讀者多多諒解。

本書中還收錄了一篇另類文章：「智慧女神送你的十二朵玫瑰—用一年的時間改變自己」。這本來是出版社邀約的一本書的選題，關於成功的一些規律性研究，我完成後發現，由於自己沒有太多的廢話，所以只有幾萬字的篇幅，不夠單獨出一本書的要求，就順手把它收入在本書中。

最後，還是要感謝一些朋友和老師幫助與「督促」，沒有他們的「逼迫」和催稿，很難抽空時間寫出這些文字來。也謝謝讀者你能拿起這本書翻閱，歡迎交流與探討。

發牌的是上帝，出牌的是自己

「人生也是如此，發牌的是上帝，不管怎樣的牌你都必須拿著，你能做的就是盡你全力，求得最好的結果。」上帝把你分到了一個「人生普通班」：沒有顯赫家室，沒有萬貫家財，沒有傲人容顏，沒有過人天賦，那麼你能不能考過「重點班」呢？

做生意的種類有成千上百種，但萬變不離其宗，總有規律性的東西在裏面，請看下面這篇關於賣豆子的文章。文章雖然充滿了搞笑和諷刺的意味，但不乏創見，讓我們奇文共賞之。

賣豆子

如果豆子賣得動，直接賺錢；

如果豆子滯銷，分三種辦法處理：

一、讓豆子攪成豆瓣，賣豆瓣；

如果豆瓣賣不動，醃了，賣豆豉；

如果豆豉還賣不動，加水發酵，改賣醬油；

二、將豆子做成豆腐，賣豆腐；

如果豆腐不小心做硬了，改賣豆腐干；

如果豆腐不小心做稀了，改賣豆花；

如果實在太稀了，改賣豆漿；

如果豆腐賣不動，放幾天，改賣臭豆腐；

如果還賣不動，讓它長毛徹底腐爛後，改賣豆腐乳；

三、讓豆子發芽，改賣豆芽；

如果豆芽還滯銷，再讓它長大點，改賣豆苗，這玩意兒也時興；如果豆苗還賣不動，再讓它長大點，乾脆當盆栽賣，命名為「豆蔻年華」，到城市裏的各所大、中、小學門口擺攤和到公寓社區開產品發表會，記得這次賣的是文化而非食品；如果還賣不動，建議拿到適當的鬧市區進行一次行為藝術創作，題目是「豆蔻年華的枯萎」，記得以旁觀者身分給各個報社打電話報新聞資料，如此應可用豆子的代價迅速成為行為藝術家，以完成另種意義上的資本回收，同時應該還可以向各報社拿點新聞線索獎金。

四、如果行為藝術沒人看，報社獎金也拿不到；趕緊找塊地，把豆苗種下去，灌溉施肥，除草種牧，三個月後，收成豆子，再拿去賣。如上所述，重覆一次。

經過若干次重覆，即使我沒賺到錢，豆子的囤積相信不錯，那時候……哈哈，我想賣豆子就賣豆子，想做豆腐就做豆腐，豆漿做兩碗，喝一碗，倒一碗！

雖然工作是枯燥的，賺錢是辛苦的，但理想卻是遠大的。

這是在網上流傳的一篇文章，也許你曾經看過它，一笑之餘，有沒有想過什麼？這篇文章其實告訴我們「發財」的兩個秘訣：一是珍惜手中的原有資源，二是想盡一切辦法讓它升值。

艾森豪年輕的時候，有一次晚飯後跟家人一起玩撲克牌遊戲，連續幾次他都抓了很爛的牌，於是就變得很不高興，老是抱怨。他的媽媽停了下來，正色的對他說：「如果你要玩，就必須用你手中的牌玩下去，不管那些牌怎麼樣。」

他一愣，聽見母親又說：「**人生也是如此，發牌的是上帝，不管怎樣的牌你都必須拿著，你能做的就是盡你全力，求得最好的結果。**」

很多年過去了，艾森豪一直牢記著母親的這些話，從未再對生活有過任何抱怨。相反，他總是以積極樂觀的態度去迎接命運的每一次挑戰，盡力地做好每一件事，從一個默默無聞的平民家庭走出，一步一步地成為中校、盟軍統帥，最後成為美國歷史上的第三十四任總統。

不管手裏的牌怎麼樣，都要認真的玩下去，以便爭取最好的結局。因為這些牌是我們手中僅有的資源，哪怕它僅僅是一筐不值錢的豆子。

我們再來看楊旭輝先生的一篇文章：

上高中的時候，我們班只是個普通班，比起學校裏集中起來的頂尖學生組成的六個實驗班來說，考上大學的機會不多，因此除了幾個學習好的同學很努力外，我們班大多數的人都只是在等著畢業，混個文憑，然後找個工作。

班上的導師兼英文老師是個剛從師範學院畢業，他非常敬業，每日催促著我們學習、學習、再學習，作業、作業、再作業。但是說歸說，由於許多人抱著能畢業就好的想法，我們的成績仍然上不去，在全校各科考試中屢屢倒數。

直到高二的一次英文考試，放榜公布時，我們班的成績卻破天荒地超過幾個實驗班的學生，這使我們接連興奮了好幾天。

發考卷的時候到了，老師平靜地把考卷發給我們。我們欣喜地看著自己幾乎從沒考過的高分，老師說：「請同學們自己計算一下分數。」數著數著，我的分數竟比實際分數高出二十分，同學們也紛紛喊了起來：「老師給我們怎麼多算了二十分。」課堂上亂了起來。

老師把手擺了一下，班上同學靜了下來。他沉重地說：「是的，我給每位同學都多加了二十分，這是我為自己的臉也是為你們的臉多加的二十分。老師拚命地教你們，就是希望你們為老師爭口氣，讓老師不要在別的老師面前始終低著頭，也希望你們不要在別班的同學面前總是低著頭。」

老師接著說：「我來自山村，我的父母都去得早，上中學時我曾連蕃薯、馬鈴薯都吃不起；大學放暑假，我每天到建築工地搬磚塊，曾因飢餓而暈倒。但我就是憑著一股不認輸的精神上完師院，生活教會我在任何時候都不能服輸。而你們只不過分在普通班就喪失了信心，我實在很替你們難過。」

這時候的教室裏安靜極了，我和我的同學們都低下了頭。老師繼續說：「我希望我的學生們在任何的時候都不服輸，現在還只是高二，離聯考還有一年多的時間，努力還來得及，希望你們不靠老師弄虛作假就能賺回足夠的分數，讓老師能把頭抬起來，繼續挺胸做下去。」

「同學們，拜託了！」說完，老師低下頭，竟給我們深深地一鞠躬。當他抬起頭的時候，我們看到他的眼睛流出了淚水。

「老師。」班上裏的女生們都哭了起來，男生們的眼裏也含滿了淚水。

那一節課，我們什麼也沒有學，但一年後的考試，我們以普通班的身分奪得了全校考試的第一名。據校長說，這在學校的歷史上是從未有過的。

我們每一位學生都記住了老師的眼淚。

上帝把你分到了一個「人生普通班」：沒有顯赫家室，沒有萬貫家財，沒有傲人容顏，沒有過人天賦，那麼你能不能考過「重點班」呢？

天賦資源是有限的，也許甚至是貧瘠的——是僅有的一筐豆子，還是一副糟糕的牌？這都不重要，重要的有兩點，第一是我們的態度：是自暴自棄，還是發奮圖強？第二是我們的方法：如何努力使自己提升？

要考過他們，我們要付出比他們更多的努力，因為我們的起跑線在他們的後面，這沒什麼好抱怨的。我們比他們多努力一點，再多動一點腦子，完全可以在後半程領先於他們！

積極的態度是人生的前提，是每個人都必須具備的，但方法則就千差萬別了，每個人要根據自己的具體情況，找到最適合自己的方法：

一、人生的方向和目標：是像艾森豪一樣當將軍、總統，還是做學問，或是經商？我到底適合做什麼？

二、怎樣實現自己的目標？我正在做什麼？我現在所做的事情是使我們接近還是遠離了目標？

三、前人的經驗和教訓對我有什麼啟示？有沒有新的機會？豆子循環往復賣了三次，能不能賣四次、五次？

四、我怎樣才能獲得他人的幫助？怎樣團結他們？怎樣讓他們為我所用？

五、我每天早上起來都要問自己：我今天要去做什麼才能讓我提升？我應該快樂投入地去做，爭取每一件事情上的最大收穫，為明天打下更好的基礎！

六、我每天晚上是否都要檢查一下今天的進展：哪些地方沒有做好？哪些事情還可以補救？哪些事情明天一早就要去辦？……

上述方法對你有沒有參考意義？

找到適合自己的方法，堅持下去，我就不相信我們考不過他們！

財富面前的智慧博弈

我自認為我沒有足夠的防禦能力，當時公家機關的薪資很低，上班後要添購些衣服，要與女朋友準備結婚，要給家裏寄錢，在這種情況下，如果有人賄賂我，讓我做出不容許的事情，我想我會就範的；那麼，我在這個職位上做下去，只能是害了我自己。

據說從前有個小孩名叫哈里森，和他同年齡的小朋友都說他是個傻孩子。為什麼？因為大家做過這樣的遊戲：把不同面值的硬幣放在他的面前，哈里森只知道去拿面值小的而不會去拿面值大的。大家經常這樣拿他尋開心。有一天，一位老者聽說了這件事，於是親自試驗了一回，果然如大家所說的那樣，小哈里森飛快地拿起最小的硬幣裝到包包裏拔腿就跑。老人家哈哈大笑，說：「這孩子，真聰明。」別的小孩都愣了——這樣的傻傢伙，怎麼還說他聰明呢？老人家說：「要是他拿了面值大的，你們還會和他玩這個遊戲嗎？最後他連面值小的也拿不到了。」小孩子們這時候才恍然大悟。

哈里森長大後當選為美國第九任總統。

相傳有個技藝絕倫的老鎖匠，沒有他修不好的鎖，也沒有他打不開的鎖。老鎖匠年邁時，收了兩個徒弟，教給他們技藝。但是，這門絕技只能單傳，所以老鎖匠只能從兩人之中再挑選一人來繼承衣缽。

這一天，老鎖匠請來眾多的朋友見證，他要出道考題給徒弟，誰能完成得好誰便可以成為他的傳人。題目是這樣的──兩個房間分別有兩個保險櫃，讓兩個徒弟分別去開啟。

大徒弟十五分鐘就開啟了保險櫃，二徒弟二十分鐘後才開了鎖。老鎖匠問他們保險櫃裏有什麼？大徒弟說：「裏面全是百元大鈔。」二徒弟支吾半天才說：「我只是開鎖，不知道裏面有什麼。」

老鎖匠宣布二徒弟勝出，眾人不解。老鎖匠說：「做這行，登門入室太容易了。必須做到心裏只有鎖而沒有錢財，否則只能害人害己。」

聽說有家公司在招聘財務人員，經過千挑萬選之後，有兩位女士入選。最後，主考官讓兩人結伴一同去到公司對面的超市買幾樣東西，並且要求各自付帳。兩人買完東西各自結帳後剛要離開時，收銀機的小姐忽然將她們叫住，問：「妳們兩個人誰的錢掉了？」收銀機小姐手裏拿著一張百元鈔票看著她們說：「好像是妳們掉的。」甲女士看看自己的錢包，肯定地說：「不是我的。」乙女士看看錢包，有點猶豫說：「我不是很清楚，可能是我的吧。」收銀機小姐將錢交給了乙女士。等到回公司以後，公司宣布錄用了甲女士。很顯然，剛才那一幕正是最後的一道考題，乙女士貪圖了本來不是自己的一百元，而失去了這個工作機會。

這個故事有些老套，但精彩的是後面。甲女士隨口說了句：「她真可惜。」主考官卻認真地說：「不可惜，不做財務對她未必是壞事。」

君子愛財，取之有道。說著容易做著難，誰也不能否認財富對我們這些凡夫俗子的巨大誘惑，很多聰明一世的人，也難免有糊塗一時，而這一時就足以毀了人的一世！

首先，為了長遠的利益，不妨拿小錢，細水長流，不要殺雞取卵。比如說，你的薪水就是一份穩定的「小錢」，面值雖不是最大的，可是能夠穩定地獲得。如果「精明」地去拿一次「大錢」，也許大的沒拿到，小的也沒有了。尤其是與別人合作、交往時更要注意。當然，不是說該你拿「大錢」的時候也不拿，只是提醒而已。

其次，對於不是自己的財富，要視而不見，切不可念念不忘，歷歷在目，尤其是對於一些經常面對巨大財富誘惑的特殊職業和特殊位置。保險櫃的鑰匙在你手裏，做帳的筆在你手裏，印章和簽字筆在你手裏，這個時候，能否做到像老鎖匠和二徒弟那樣，只賺憑自己的手藝應得的那份工錢，心中只有「鎖」而對「保險櫃裏」別的視而不見？

再者，如果自認為沒有這份定力，那麼不從事這些「敏感」的行業和職位應該是一個明智的選擇，免得一時把持不住，一失足而成千古恨。像去應徵財務的那位乙女士，最好就不要天天去面對錢財，一個把持不住，耍點小聰明，反而會害了自己。

財富面前，有時也要「難得糊塗」啊！這種適度的糊塗應該說是大智若愚的一種表現。

一九九一年，我大學畢業。當時，我一位同學的父親在我們老家有一定的影響力，他把我推薦到了省政府的一個重要部門。說實話，我的學識還可以：知名大學經濟管理系畢業（當時能上這個大學的經濟專業的都是各省市的前幾名學生）；通過英語六級考試；在大學黨課已經學完，申請入黨的積極分子等等。聽同學的父親說，該部門的領導對我的情況很滿意，有意讓我給他做秘書。

這是一個讓很多人羨慕的工作，尤其是對我這樣從農村走出來的苦孩子，父母辛苦供我讀書的「最佳成果」就擺在面前，學而優則仕嘛。

我反覆地考慮了幾天，最終的決定是：「不去！」

我不是不知天高地厚的「牛」，而是心底裏的害怕！

害怕的原因是因為：我家太窮，老家太窮！我的家鄉在一個小村莊，父親是老實的中學老師，母親是農民，一個弟弟、一個妹妹都在讀書，父母為了供我們讀書，已經盡了最大的努力，家裏的經濟一直掙扎在「崩潰」的邊緣，周圍的親朋好友也幫助過我們很多。當然，大家對我這個好學生的期望也很高。

我需要錢，也需要迫切地還各種的人情！

在這種心態下，如果我去了這個部門，如果給領導做了秘書，我如何抵抗錢的誘惑？我如何拒絕鄉親父老「幫忙辦事」的要求？

我自認為我沒有足夠的防禦能力。當時公家機關的薪資很低，上班後要添購些衣服，要與女朋友準備結婚，要給家裏寄錢，在這種情況下，如果有人賄賂我，讓我做出不容許的事情，我想我會就範的；那麼，我在這個職位上做下去，只能是害了我自己。

於是我留在了北京，去企業應徵，從鄉鎮企業做起，後來又應徵到了中外合資經營的企業，再後來又辦起了自己的公司……一路走來，很辛苦，但一直都是拿著比較高的薪水：我拿錢拿在明處，有多大本事我就拿多少錢，這是市場給我的個人價值。

後來，我為家裏做了很多事情，當然大部分都是錢的事情，我沒有權力，沒有人去巴結我，無法「衣錦還鄉」、「光宗耀祖」，但父母最終也理解了我：「花我辛苦賺來的錢，他們心裏踏實。」

這是我真實的人生之路。人生之路無法假設，至今還有當年的老同學為我惋惜，我說：「行啦！哥兒們，走那條路，說不定我比貪官還貪呢？我自己沒有那個條件。」

也有人說，這是道德品格範疇的事情，但在我看來，還是智慧領域的事情。這種選擇是建立在對自己性格、需求和基本條件的清醒認識的基礎上。

從深層次上來說，我認為道德規範就是千百年來民間智慧的總結和結晶。什麼事情能做，什麼事情不能做，乍看之下，好像是長輩們婆婆媽媽似的說教，但請你仔細琢磨吧，那都是一個人能夠賴以安身立命的智慧。

公儀休很喜歡吃魚，當了魯國的相國後，全國各地很多人送魚給他，但都被他一一婉言謝絕了。

他的學生勸他說：「先生，您這麼喜歡吃魚，別人把魚送上門來，為何又不要了呢？」

他回答說：「正因為我愛吃魚，所以才不能隨便收下別人所送的魚。如果我經常收受別人送的魚，就會揹上徇私收賄之罪，說不定哪一天會免去我相國的職務，到那時，我這個喜歡吃魚的人就不能常常有魚吃了。現在我廉潔奉公，不接受別人的賄賂，魯君就不會隨隨便便地罷免掉我相國的職務，只要不罷免掉我的職務，就能常常有魚吃了。」

要想長久地吃到魚，就必須捨棄這些來路不正的魚，這就是眼前利益與長遠利益的辯證關係。把魚換作錢呢？

一條狗奉主人之命看守著一塊肉，老鼠與狗合謀：「你假裝打個盹，咱倆把肉分了，等主人回來，你就告訴他是我偷的，可不可以？」

狗說：「你想得美，這樣下去，總有一天，這裡擺著的就是我的肉了。」

這是道德還是智慧？

長久的預期

有一句西方諺語說：「如果你在河流的上游洗了腳，那麼肯定有一天你會在下游喝到你自己的洗腳水。」一個人如果對明天還抱有期望，那麼最聰明的做法就是把手頭上的事做好；預期越高，那麼對今天的要求也要越高。因為他們都知道：「明天是今天的結果。」今天種下什麼因，明天就會結下什麼果。

「你怎麼對我這麼信任呢？認為我一定能盡心盡力地把這麼重要的一套書翻譯好？」

問我這句話的是一位北大英語系的研究生，我讓她翻譯我們公司從美國引進的一套書，這是我們公司很重要的一個企劃案。

「我認真看過妳的學經歷，我認為妳的水準肯定是有的。至於責任心和敬業精神嘛！我想妳肯定也會有，因為妳是一個聰明人。」我回答她。

「為什麼說聰明人就會有責任心？」她有些不明白。

「因為妳是一個很優秀的北大英語研究生，妳會有很好的前程和未來。但要實現這種預期，妳就必須認真負責地做完每天的每一件事。妳翻譯的書是要寫上妳的名字的，尤其是這麼重要、有影響的一套書，如果妳粗製濫造敷衍我，也許我這個外行看不出來，但它可是妳的作品啊，將來妳用什麼樣的心態來面對它呢？同行看到了又會怎樣評價妳呢？」

這個聰明的女孩會意地笑了，她拿著資料走了，我相信她肯定會把這套書翻譯的很好。

一個人如果對明天還抱有期望，那麼最聰明的做法就是把手頭上的事做好；預期越高，那麼對今天的要求也要越高。因為他們都知道：「明天是今天的結果。」今天種下什麼因，明天就會結下什麼果。

有一句西方諺語說：「如果你在河流的上游洗了腳，那麼肯定有一天你會在下游喝到你自己的洗腳水。」我們每個人的身上都多多少少有一些小小的不太好的習慣。

一個在德國的留學生，博士畢業後但怎麼找也找不到工作。四處碰壁後，他在一家公司的人事部門發了火，說：「要告你們種族歧視！人事主管把他帶到沒有人的房間，拿出他的檔案資料給他看，上面清楚地記著，他有三次坐地下鐵逃票的記錄。」主管說：「德國的逃票率是萬分之三，而你居然被抓了三次！我們不敢聘用你。」

一個在新加坡的留學生，在飛機場被警察從飛機上給請了下來。對不起，先生，你向圖書館借的兩本書還沒有還！

有家公司生產加工玩具出口到日本，有一次，他們的原物料短缺，就擅自將玩具的填充物給改成了另一種材料。日方發現了於是全部退貨，而且終止了合作。無論公司怎麼解釋，日方都不為所動，日方代表說：「在日本市場，消費者只給廠家一次機會，發現你一次欺詐行為，就再也不會給你機會了。」

有些問題，我們關起門來在自己家裏時還無所謂，大家都一樣：「寬以待人，也寬以待己。」我們的文化還沒有嚴謹到那個程度，可是，一旦走出去，就不一樣了。所以，這也牽扯到我們對自己的預期問題。

如果你想著自己一輩子就關起門來活在自己的一畝三分地裏，不和「他們」打交道，那麼你就還可以接著隨意下去，可是，如果你志在長遠，那就要儘早朝向更高標準來嚴格要求自己了。否則，養成了習慣是要吃大虧的。

人生像是一個環環相扣的鏈條，不要給自己留下一個脆弱的隱患。對明天滿懷憧憬和希望的年輕人，更應該負責任地去做好今天的每一件事情。

給自己以正面的期許，會使自己擁有一個積極的心態，從而影響自己的日常行為。

在心理學上，有這樣一個著名的實驗：羅森塔爾效應。

哈佛大學心理學教授羅森塔爾曾經把一群小老鼠分成兩組；A組交給一位實驗員，告訴他這一群小老鼠屬於特別聰明的一類，要好好的訓練；B組交給另一位實驗員，告訴他這是智商很普通的一群。

兩位實驗員分別對這兩群老鼠進行訓練。過了一段時間後，便對兩群老鼠進行測試，測試的方法是讓老鼠穿走迷宮。

對於老鼠來說，走出迷宮就有食物。但是在走出去的過程中，牠必須經常碰壁，所以要有一定的記憶、一定的智商，較聰明的老鼠才可能先走出去。實驗結果發現，

A組老鼠比B組老鼠聰明得多，都先走出去了。

針對這個結果，羅森塔爾教授指出，他對這兩群老鼠的分組是隨機的。他根本不知道哪隻老鼠聰明，他只是把老鼠任意的分成兩組，把其中一組說成聰明的，給了A實驗員；而把另一組說成普通的，給了B實驗員。

由於實驗員已經確認A組為聰明的老鼠，於是就用對待聰明老鼠的方法進行訓練。結果，這群老鼠就真的變成了聰明的老鼠；相反，對被認為不聰明的B組老鼠，用了對待不聰明老鼠的訓練方法，老鼠也就真的不聰明了。

這就是心理學上有名的羅森塔爾效應。

老鼠如此，人亦如是。如果你想成為一個有所成就的人（或認為自己在明天將會有所成就），那麼你就會用一個新的標準來要求自己。我們來看一個例子：

羅傑·羅爾斯是美國紐約歷史上第一位黑人州長，他出生在紐約一個非常糟糕的貧民窟裏，凡是在這裡出生的小孩，長大之後，很少有人能夠獲得一份較為體面的工作。然而，羅傑·羅爾斯卻是例外，他不僅考上了大學，而且還當選了州長。在他就職的記者招待會上，羅傑·羅爾斯對自己的奮鬥史隻字不提，他僅說了一個大家都非常陌生的名字──皮爾・保羅。這人是羅傑・羅爾斯在讀小學時的一位校長。

原來，羅傑・羅爾斯讀小學的時候，皮爾・保羅以校長的身分走進了羅傑・羅爾斯就讀的那所小學。那是一九六一年，正值美國流行嬉皮文化的年代，但是皮爾・保羅卻發現這裡的窮孩子比「迷惘的一代」還要無所事事，他們曠課、鬥毆，甚至砸爛學校的黑板。有一次，當羅傑・羅爾斯從窗台上跳下，伸著小手走向講台時，皮爾・保羅說：「我一看你這修長的小拇指就知道，將來你是紐約州的州長。」

當時，羅傑・羅爾斯大吃一驚，皮爾・保羅先生竟然說他可以成為紐約州的州長，著實出乎他的意料。

羅傑・羅爾斯記下了這句話，並且相信了它。從那天起，紐約州州長就像一面旗幟，時時刻刻在他的心中飄盪。在以後的四十多年時間裏，他沒有一天不是照著州長的身分來要求自己。終於，在五十一歲那年，羅傑・羅爾斯真的成為了紐約州的州長。

我們對自己的明天有什麼樣的預期？在今天應該以什麼樣的標準要求自己？請大家仔細想想。

培養好的財富習慣

財富只屬於它真正的主人，你如果沒有駕馭它的本領，那麼，它即使來得很快，也會去得很快。只有在長久的投資理財過程中掌握了真正的本領，養成良好的財富習慣，它才會成為你忠誠的奴隸。

對許多節儉的行為，很多年輕人是不屑一顧的：省能省下多少錢，只有賺出來的百萬富翁，沒聽說有省出來的百萬富翁，只有賺錢才是真道理。

應該說，這種看法有一定的道理。在今天這個社會，積聚財富的速度已遠遠超出了人們的傳統想像。比爾•蓋茲十餘年間賺下的財富可以和一個國家的財富相提並論，新興行業的新貴們似乎已經改寫了世界的行程和原有的經濟規律。我們應該向比爾•蓋茲、巴菲特等人學習，但問題是：我們也許永遠無法像他們那樣，以比印鈔票還要快的速度賺錢。現實生活中，做生意也好，上班賺那份雖不多但也不少的薪水也好，我們老老實實地養家餬口，勤勞致富。

每個人都想用最快的速度去開源，但也許我們的運氣並不那麼好，所以不放棄開源計劃的同時，最好還是聽聽關於節流的忠告。

一、不是你賺下的，而是你省下的使你富有（當然比爾・蓋茲等人除外，也許他們賺的錢無論怎麼揮霍都花不完）。

二、賺來的只是收入，省下的才是利潤。

為了敘述這兩條忠告，我們從企業經營的角度來做一個成本收益分析：

假設你月收入四萬元；如果你維持日常所用，應酬、娛樂等各項開支是四萬八千元，那麼你的利潤是負八千元；如果你只需花費三萬二千元，那麼節餘的八千元就是你這個月的利潤。如果維持這樣的數字，那麼對於你來說，成本開支（生存、娛樂、工作等項）佔總收入中的八〇％，利潤則為二〇％。

進一步假設，如果你善於管理和經營，在維持同樣生活品質的情況下，採取了一些節約成本的措施，每月多節省四千元，那麼你的利潤率上升為三〇％。

再進一步假設，如果你善於投資，可以用這些利潤去投資股票等，如能保持二〇%的年收益率，長此以往，又將如何？本叢書上一本《你在忙什麼》中曾給大家推薦過一個「神奇致富公式」，每年一萬多一點的投入，以年收益二〇%計算，四十年後竟有一億多的資產！可以肯定的是，子女教育、退休養老等問題不會再讓你頭疼，儘管你沒有成為比爾·蓋茲和巴菲特，可是同樣地能過著一種舒適的中上等生活。

你不理財，財不理你，這是某個金融機構的廣告詞，也是市場經濟中的真理。開源節流，投資理財，這些都不是我們最終的目標，我們的目標是富有，是經濟上的保障和自由，是高品質生活，但若沒有這樣的手段，你也永遠無法實現目標。而且，真正的大富翁基本上都是「吝嗇成性」的人，不信你看下面這些人的「吝嗇表現」：

有一次，比爾·蓋茲和一位朋友開車去希爾頓飯店。到了飯店前，發現停了很多車，車位很少，但旁邊的貴賓車位卻空著不少。朋友建議把車停在那裡。

「噢，這要花十二美元，可不是個好價錢。」蓋茲說。

「我來付。」朋友堅持道。

「那可不是個好主意，他們超高收費。」

在蓋茲的堅持下，他們最後還是找了個一般的車位。

洛克菲勒到飯店住宿，從來只住普通房間。侍者不解，說：「您兒子每次來都要最好的房間，您為何不這樣呢？」

洛克菲勒說：「因為他有一個百萬富翁的爸爸，而我卻沒有。」

有一次，李嘉誠上車前掏手帕擦臉，帶出一塊錢的硬幣掉到地上。天下著雨，李嘉誠執意要從車下把錢撿出來。後來還是旁邊的侍者為他撿回了這一塊錢，李嘉誠付給他一百塊的小費。他說：「那一塊錢如果不撿起來，被水沖走可能就浪費了，這一百塊卻不會被浪費，錢是社會創造的財富，不應被浪費。」

這些富翁都很喜歡財富，因為熱愛珍視財富是獲得財富的前提條件，他們從來不亂花錢，很重視財富應有的價值。

這種「吝嗇」也許並沒有給他們的財富總值增加多大的數目字，但正是他們對財富的基本態度和良好習慣，使他們最終成為財富的主人。

但他們又不囿於財富，他們為慈善事業所做的捐獻的數目是以億計算的，他們讓財富充分體現它自身的價值，也最大限度地體現了自己的價值。

財富只屬於它真正的主人，你如果沒有駕馭它的本領，那麼，它即使來得很快，也會去得很快。只有在長久的投資理財過程中掌握了真正的本領，養成良好的財富習慣，它才會成為你忠誠的奴隸。

在花錢方面呢，猶太人也自有一套方法，據說被很多專家推崇的「信封法」就是猶太人的發明。

每個月領到薪水後，先把準備用來儲蓄和投資的錢，放入專用的「儲蓄」信封：這是明天的錢，今天不能動（我在以前給大家講過日本麥當勞創始人藤田的故事，大家可參閱《你在忙什麼》一書中的有關文章）。

第二個信封是「伙食費」，可以載入本月的基本生活費用，嚴格控制開銷。

第三個信封可以命名為「文化生活和社會交際」，先保證必要的人情往來和應酬，再有就是來犒賞自己，買些書，看場電影……。

信封只是個形式，關鍵是家裏要針對這些信封制定嚴格的財務紀律—妻子的化妝品也好，先生的煙酒也好，孩子的玩具也好，絕對不可以動用「儲蓄信封」裏的鈔票。剛開始，「財務總監」的壓力會很大，甚至還會得罪「領導」和「群眾」，陷入孤立的境地，但只要不「徇私舞弊」，就應該能取得大家的諒解和支持，因此能堅持下去。

一個月、兩個月……，信封裏不會有多少錢，但只要堅持下去（世界上做任何事情都貴在堅持），就會使家庭的財務狀況得到很大的改善。

最重要的是，我們在這個過程中學會了理性地對待金錢，學會了控制自己的慾望，學會了全家人團結奮鬥……。

走，或者是等

社會上風風雨雨，一顆太脆弱和敏感的心是不行的，動不動就容易受傷，就要回到殼裏療養，這樣就會形成一個習慣和惡性循環。

人是要有抗擊打能力的。武俠小說裏的師父在教徒弟的時候，第一課往往是不學打人，先學挨打。刀兵拳腳相加，你比對手多站起來一次，你就是勝利者。

人在江湖漂，誰能不挨刀？休息和療傷是需要的，但更需要的是承受力、毅力和堅強。

甲、乙、丙三人要從A地前往B地。

他們的基本狀況是：三人都很年輕，都有去B地的願望；三人都沒有多少錢，沒有自行車，也不想叫計程車。A、B兩地的距離適中，不是很近也不是很遠，所以他們比較理性的選擇就是搭乘公車。

還有一個客觀條件也需敘述，那就是：這個城市的大眾交通系統不是很完備，經常會堵車，公車也不是很準時，存在著很多的偶然性。

這一天，甲、乙、丙三人都來到某一個公車站牌等候公車。

等了好長的一段時間後，公車還是沒有來。三人都有些不耐煩，心理會有如下作用：

一、今天還去不去，要不然以後再說？

二、如果去，是繼續等公車還是自己走路去？如果繼續等，公車不知道什麼時候才會來；可是用走的話，萬一自己剛走公車就來了怎麼辦？

三、走，有點累；等，有點煩。而且越等人越多，車上肯定會很擁擠，自己能擠上去嗎？

四、就算是公車很快就會來，自己也擠了上去，可是再往前走，接著堵車怎麼辦？

經過一段時間的考慮，三人各自做出了決定：甲開始用走的前進；乙繼續在公車站牌等候；丙返回家中，決定以後再說。

甲選擇了走路。他行動的結果可能是：

一、他走到了B地，覺得很累，以後哪怕多等一會兒公車也不想這麼做了。

二、他走到B地後，剛開始有點累，但還是覺得很痛快，沒有想像中的那麼多困難，以後再有類似的情況，比如說從B地到C地，他就不想再去車站消耗時間了，直接就步行前往，以後若有買輛自行車，反正是要自己行動，快一點也好，慢一點也好，自己說了算。

三、他剛走了沒多久，就看見他所等的那輛公車從身旁駛過，心裏很後悔，下次一定要等；再往前走，看見那輛公車又堵住了，自己超過了它，心裏又有些平衡了。如此反覆比較得失，到下一次時仍然會猶豫不決。

四、他雖然看見公車駛過，但心裏卻告訴自己：既然已經決定了，就不要再去想公車了，走好自己的路吧，它的快慢、擁擠和寬鬆、拋錨或車禍等等，已經和自己沒有關係了。大致說起來，這就是甲可能出現的幾種心理作用。

乙選擇了等待。這時候會出現下列幾種情況：

一、公車遲遲不來，乙最終放棄。

二、來了後人很多，他擠不上去。

三、公車很快就來了，他也擠了上去，很快地到達。

四、公車雖然來了，他也上去了，但這輛公車並沒有他想像的好或交通很擁擠，走走停停，直到甲都走到了他還到不了。由於已經上了這輛公車，他中途下車重新步行或再選擇別的公車的時候就會有新的猶豫：他要放棄他已經上了這輛公車的「既得利益」。

丙踏踏實實地回了家，第二天他再來。也許今天運氣好，公車很快就來了；但更大的可能性是，他又會經歷前一天的選擇，而且由於和他一樣已經放棄過一次的人的重新聚集和新人的加入，等公車的人數會增加，大眾交通線路的改善是一個漫長的過程，不可能馬上見效。那麼丙要麼重覆甲的路，要麼仿傚乙的做法，最後的一種可能性是，乾脆就不去了。

相信很多朋友都有些明白我想說什麼了。我們進一步將其意義明確：A地代表我們現在的生活，B地代表我們所嚮往的更好一些的生活；公車可以理解為一個可以借助的外力。那麼，甲的行為可稱作自己創業，乙可被視為工作者，丙則在原地踏步。

甲的態度最積極，剛開始時也比較艱辛，但他的信條應該是：最大限度地掌握自己的命運。他不會因為自己沒有到達目的地而抱怨「司機」、「乘客」、「交通警察」等等。而且，只要他堅持，那麼他自己「走路」的能力就會越來越強，到達目的地的可能性就會很大，他的經歷也最為豐富多彩。

乙的態度次之，冒險性不強。他也許會很平穩地到達，也許在車上不斷地抱怨擁擠、搖晃、堵車、自己的座位不好、司機的技術不好等等，也許他會在中途下車，再次考慮步行或換乘別的好一點的車。他只要堅持，到達的機率也很大，但是他往往需要一輛好的公車。

丙基本上不是我的讀者，就不在此做多的討論了。

十年前，我與幾個朋友就在車站等車，我們幾個人就有如上的全部心態。大家分別做出了選擇。我們之中有「甲」有「乙」，也有一個家境不錯的人可歸入「丙」。十年後，當年條件比丙稍差的「甲」和「乙」現在都已超越了「丙」。

從A到B是一個選擇，從B到C、到D，還會有更長的路和更多的選擇。具體情況不同、性格不同，不是每個人都會選擇步行，但無論如何，你不能像丙一樣蜷縮在原地。

蝸牛是一種很好玩的小動物。我們在小的時候，可能都與這種小動物有過「接觸」：「牠揹負著一個堅硬的殼——自己的房子，自己的家，走到哪裡，揹到哪裡。牠柔軟的觸角遠遠地伸在前面，整個身體也柔軟光滑，當牠碰到點什麼異物時，或是你輕輕地碰牠一下，牠馬上會蜷縮回牠的殼裏。」你如果有耐心，那麼等上好半天後，才會看到牠的再次露面。

造物主賦予了牠柔嫩的身體和堅硬的殼，牠依靠著這個堅硬的殼在自然界裏生存，這種動物本能無可厚非。

但有些人也揹著一個「殼」。我認識的朋友中就有這麼一位，他的家境不錯，父母都有很高的收入，他結婚以後就一直跟父母居住在一起。他在社會上也從事過多種職業，但很少能堅持做到一年以上，有點不如意和挫折就辭職不做了，回到家「養傷」休息。過一段時間，他又試探著伸出了「觸角」，但碰上點什麼，就又縮回了「殼」裏……。

社會上風風雨雨，一顆太脆弱和敏感的心是不行的，動不動容易受傷，就要回到殼裏療養，這樣就會形成一個習慣和惡性循環。

人是要有抗擊打能力的。武俠小說裏的師父在教徒弟的時候，第一課往往是不學打人，先學挨打。刀兵拳腳相加，你比對手多站起來一次，你就是勝利者。人在江湖漂，誰能不挨刀？休息和療傷是需要的，但更需要的是承受力、毅力和堅強。

生命旅程是一個不斷選擇的過程，今天的因，就會成為明天的果，同樣，今天也是昨天的延續，環環相扣，直至終點。**在不斷選擇的過程中，人們一時的物質得失並不是最重要的，最重要的是性格和心態的養成；是迎著不確定的未來，勇敢地出發，還是畏首畏尾地等待和退縮？**等待和退縮的結果將是越來越患得患失，越來越沒有選擇的機會。當待在「殼」裏成為了習慣，那麼你就不再會有前進的勇氣！

走下去，你的雙腿會變得強壯，你的心臟將會更加有力，你的視野將會更加開闊，你的人生旅程將會更加精彩！

做生意就是要讓別人賺到錢

生意場上，有句刻薄的話，叫做「無利不起早」，話不好聽卻有道理，大家的往來是因為有利可圖。我跟你合作不是幫你的忙，是要讓我賺到錢，我老婆的化妝品、孩子的學費、房子的貸款等等都等著我呢，不賺錢行嗎？如果我不能從跟你的合作中賺到錢，那咱們就是情義朋友而不是生意朋友了。

曾經流行這樣一句話：「做官要讀曾國藩，經商要讀胡雪巖。」其實，無論是否做官和經商，我們都應該認真拜讀和研究這兩個人。多年前，讀曾國藩（關於曾國藩的書現在是洋洋大觀，不計其數，但通俗讀本仍以唐浩明所著的長篇歷史小說《曾國藩》為佳）時，曾記得好像有這樣一個細節：

曾國藩初握兵權時，對屬下要求極其嚴格。曾國藩治下的湘軍，以「紮硬寨，打死仗」聞名。曾國藩追求的是：「多條理，少大言」，「不為聖賢，便為禽獸」，「莫問收穫，但問耕耘」，梁啟超稱讚他是：「其一生得力在立志，自拔於流俗」，「歷百千艱阻而不挫屈；不求近效，銖積寸累，受之以虛，將之以勤，植之以剛，貞之以恆，帥之以誠，勇猛精進，艱苦卓絕。」其「非有地獄手段，非有治國若烹小鮮氣象，未見其能濟也。」

但是，曾國藩在戰後也很「吝嗇」—在向朝廷保薦有功人員時，「據實上奏」，一是一，二是二，有多大功勞就是多大功勞，不肯多報一點，更別說虛報那些無功人員了。不濫用朝廷「名器」。

後來，老九曾國荃勸他說：「大哥，你這樣不行啊！你是朝廷大員，你可以修身、齊家、治國、平天下，你可以百世流芳，這是你的追求，可是這些弟兄們沒有你那麼高的追求，他們要的就是眼前的利益。弟兄們流血賣命打仗，圖的是金銀財寶和有個官職封妻蔭子，你不給人家好處，誰給你賣命啊？」

理想主義的曾國藩在現實的面前也只好妥協，一是對湘軍戰後的洗掠睜隻眼閉隻眼，二是更多地為手下向朝廷邀功請封。在曾老九攻下南京後，湘軍將士將太平天國積攢的財富搶劫一空，曾國藩也只能儘量在朝廷那裡為他們遮掩，並且最後自請裁撤湘軍。

當然，曾國藩還是有自己的原則的，其在鑑別賞識提拔優秀人才方面也有不少佳話，他曾經親點各營兵勇之名，並每日傳見百夫長數人，瞭解軍情，記載其答問、批評，並察言觀色，辨識部下的品格、才能。其日記載有他對一些人的印象，如：樸實；眼圓而動，不甚可靠；語次作嘔；明白安詳，拙直、長工之才等等。曾國藩知人善任，透過這種談話的方法，辨識提拔了一大批能征善戰的名將。如劉松山原來不過是一名「長夫」，後為統帥大軍的名將。

曾（國藩）、左（宗棠）、彭（玉麟）、胡（林翼），所謂四大中興名臣，他們在歷史上留下了濃墨重彩的一頁風雲。尤其是曾國藩，成為讀書人出將入相的典範，當時他的幕府帳下，人才濟濟，在鎮壓太平天國起義之後，其門下出來的督撫、將軍等等遍及大江南北，整個湘軍系統中，位至總督者十五人（其中有四位非湘籍，但為曾國藩保舉的，如原湘軍幕賓李鴻章等）；位至巡撫者十四人；位至布政使、按察使、提督、總兵、參將、副將、州、府道員的不可勝計，影響之大無人能出其右。

左、彭、胡三位其實也得到他的保薦和關照，隨後獨撐大清危局的李鴻章也是他的傳人。

曾國藩之後，左宗棠曾率部分湘軍精銳，收復了祖國新疆的大片河山。一八八一年，曾國藩之子曾紀澤以左宗棠的武力為後盾，經過艱苦的外交鬥爭，又從沙俄手中索還了伊犁。左宗棠所寫：「大將籌邊人未還，湖湘子弟滿天山。新栽楊柳三千里，引得春風度玉關。」之詩，大氣磅礴，傳誦一時。可是「湖湘子弟滿天山」，沒有曾國藩以及他自己辛辛苦苦帶出來的這些「湖湘子弟」，何來如此功業？

古往今來，凡欲成就事業者，無不需要一批追隨者效力於左右，以及同僚的鼎力相助，那麼，人家為什麼願意追隨你、幫助你呢？

對於一等人才，講究的是志同道合，即有共同的理想和奮鬥目標。這樣的人物，是與自己在同一層面上的合作者，就如同曾國藩與左、彭、胡三位一樣。

對於次等的人才，除了理想、人格魅力以外，也許更重要的就是具體的利益和好處。就像那些普通的「湖湘子弟」，他們不可能都在歷史上留下自己的名字，也許他們也有對理想的追求，但眼前的實際利益無疑更能打動他們。至於等級最低的人，為了利益追隨你，也可以為了利益背叛你。

從政經商，都需要自己的團隊和圈子，你要用理想號召人，還要用利益團結人。

政治謀略不在本書的討論範圍之內，我們下面來看看商業作用中的利益分配。

在天津有個全國圖書訂貨會。在會上，我見到了臺灣的某出版商，他先前購買了我寫的《你在忙什麼》一書中文繁體版的著作權，這次將樣書給我帶了過來。

他對我說：「怎麼樣？整體設計還可以吧？銷售狀況如何你想知道嗎？」

我說：「賣得怎麼樣？」

他笑笑說：「在排行榜上快四個月了。」

旁邊的朋友叫了起來：「哇，那你發財啦！」

我指指出版商，說：「有沒有搞錯？是他發財而不是我。我們之間是著作權買斷協定，我就拿了固定金額的人民幣，賣得再多也是他的，跟我沒關係，賣得不好也和我沒關係。」

接著我說：「我的書賣得好，你賺到錢，我很高興，這樣我們下次還能合作，多好啊！」

我吃虧了嗎？

我個人認為沒有，說實話，我心裏一點點「虧」的意思都沒有：

一、這本書在大陸雖然賣得不錯，被很多公司列為訓練教材，但畢竟是在大陸，還未進入臺灣和香港市場。

二、當時這家出版商跟我談著作權轉讓條件時，他出的價格已經比別的書的版權高出了很多，而且也沒有別家出版商願意出更高的價格。

三、在包裝營銷上他都付出了心血，而且，他承擔著投資風險，賣不好就要賠錢啊！

四、他賺了錢，下次還會跟我合作，我在臺灣也有了「名氣」，有了這些基礎，我以後的書也好賣了。

何虧之有？再往遠處說，在商海浮沉這麼多年，我的切身體會就是—想讓別人跟你合作，就要讓別人賺錢。而且，要讓人家先賺到錢，唯有如此，自己才能賺到錢。

這個說法有點怪，為什麼一定要讓別人先賺到錢呢？應該是自己先賺錢才對呀。

沒錯，做生意的目的是為了自己賺錢，可是要想達到自己賺錢的目的，就必須先讓別人先賺到錢，這是必要的手段。否則，你自己是賺不到錢的。

生意場上，有句刻薄的話，叫做「無利不起早」，話不好聽卻有道理，大家的往來是因為有利可圖。我跟你合作不是幫你的忙，是要讓我賺到錢，我老婆的化妝品、孩子的學費、房子的貸款等等都等著我呢，不賺錢行嗎？如果我不能從跟你的合作中賺到錢，那咱們就是情義朋友而不是生意朋友了。

在市場上，如果我想賺錢，那就要把我的產品銷售出去，無論這種產品是實物、智力還是服務。最終消費者願意購買，是因為他們覺得物有所值甚至是物超所值；經銷商願意合作是因為他們能從中賺到差價——大家都有利潤了、都滿足了，你才能賺到屬於自己的那一份！

再說你自己的合作夥伴、下屬員工，是不是也是這樣呢？你不先給別人機會，讓大家先你而賺到錢，無利可圖的話，又有誰願意跟你合作呢？即使短時間內可以，時間長了也肯定不行！

最後再給大家講一個故事：

在一個小鎮上，有兩位富翁先後去世了。一位富翁下葬時，大家都去送行，而另外一位的葬禮卻冷冷清清。

一位外地人正好在此出差辦事，知道了這件事，就感慨的說：「一個人生前的好壞從死後也能看出來。」

酒吧的服務生笑了，說：「先生，那你認為哪一位是好人，哪一位是壞人呢？」

外地人說：「這還用問，自然是大家都去送行的那一位是好人。」

服務生說：「這要看好壞的標準怎麼定了。大家都去送的那一位富翁花天酒地，吃喝嫖賭樣樣都做，可是大家都從他手中得到過好處，他照顧過大家的生意，大家都從他那裡賺到了錢，我也拿到過他給我的很多小費；而另一位富翁呢？雖然富有，可是卻從來不亂花錢，自己很節儉，吃飯、穿衣都小氣得很，連擦皮鞋的小販都賺不到他的錢，誰能說他好呢？誰又會去送他呢？」

看來，利益驅動，用利益團結人，確實是市場經濟的真理之一，所以要先讓別人賺到錢。

登高而招，順風而呼

勢者，市場之大勢、走勢也。順勢而為，就是要跟著市場的大方向來做。市場向多，你就跟著主流板塊做多；市場步入調整期，你就偃旗息鼓，潛心做功課。一旦一種趨勢形成，總要持續一段時間。就像一個演藝公司捧出一位知名的明星，不讓他（她）紅上一段時間，怎麼賺錢啊？

前些時候與一位大學同學聊天。同學說：「做了這麼多年股票，繳了無數的學費，我總算摸到了其中的規律。」我好奇地問他有什麼心得體會，他說：「很簡單，就是順勢而為。」

誠哉斯言。勢者，市場之大勢、走勢也。順勢而為，就是要跟著市場的大方向來做。市場向多，你就跟著主流板塊做多；市場步入調整期，你就偃旗息鼓，潛心做功課。如此這般，你可能買不到最低點，賣不到最高點，但是可以用最小的風險吃最「鮮美」的一段利潤。大機構、大資金可以造勢，中小散戶跟勢就可以了。一旦一種趨勢形成，總要持續一段時間。就像一個演藝公司捧出一個知名的明星，不讓他（她）紅上一段時間，怎麼賺錢啊？

其實，又豈止是股票市場如此，天下大事、人生旅程也是如此。在做具體的生意和選擇人生的發展方向時，我們是要有點「見風轉舵」的本事的。

當年，孫中山說：「世界潮流，浩浩盪盪；順之者昌，逆之者亡。」

荀子說：「登高而招，臂非加長也，而見者遠；順風而呼，聲非加疾也，而聞者彰。」

老百姓說：「識時務者為俊傑。」

話說得各有側重和針對，但意思是差不多的：成就事業者，要認清形勢，借勢而動，順勢而為，唯有如此，方能有所作為。與發展潮流相悖，與市場趨勢作對，多半會碰得頭破血流。

我們來看一個古人的故事。

大家都知道，李斯是秦朝的丞相，輔佐秦始皇統一並管理中國，立下汗馬功勞。可是少有人知，李斯年輕時只是一名小小的糧倉管理員，他的立志發奮，竟然是因為一次上廁所的經歷。那時，李斯二十六歲，是楚國上蔡郡府裏的一個看守糧倉的小文書。他的工作是負責倉內存糧進出的登記，將一筆筆斗進升出的糧食進出情況，認真記錄清楚。

日子就這麼一天天的過著，李斯不能說完全渾渾噩噩的，但也沒覺得這有什麼不對。直到有一天，李斯到糧倉外的一間廁所解手，這樣一個極其平常的小事竟改變了李斯的人生態度。

李斯進了廁所，尚未解手，卻驚動了廁所內的一群老鼠。這群在廁所內安身的老鼠，個個瘦小乾枯探頭縮爪，且毛色灰暗，身上又髒又臭，讓人噁心至極。

李斯看見這些老鼠，卻忽然想起了自己管理的糧倉中的老鼠。那些傢伙一個個吃得腦滿腸肥，皮毛油亮，整日在糧倉中大快朵頤，逍遙自在。與眼前廁所中這些老鼠相比，真是天壤之別啊！

人生如鼠，不在倉就在廁，位置不同，命運也就不同。現在天下的大勢是一個

「變」字，列國諸侯紛紛自保求強，正是用人之際，而自己在這個小小的上蔡城裏這個小小的倉庫中作了八年的小文書，從未想過要順應潮流尋找機會，不就如同這些廁所中的小老鼠一樣嗎？整日在這裡掙扎，卻全然還不知有糧倉這樣的天堂。

李斯於是決定要換一種生活，第二天他就離開了這個小城，去投奔一代儒學大師荀況，開始了尋找「糧倉」之路。二十多年後，他把家安在了秦都咸陽的丞相府中。

李斯以後的下場我們姑且不論，就其發跡而言，確實是認清了形勢，順勢而為，且勇於到中心去（抓住主流板塊），是一個成功的案例。

諸葛亮當年高臥隆中，就侃侃而談，三分天下，把個劉備佩服得五體投地，直接「農轉非」加「火箭式」提拔，拜為軍師。在此之後，劉備能與「挾天子以令諸侯」的曹操、「據江東之險已歷三世」的孫權分庭抗禮，全仗孔明的借勢、順勢和造勢！

二十世紀最大的經濟奇蹟可以說就是比爾・蓋茲和他的微軟帝國。研究比爾・蓋茲和微軟的發跡，最根本的原因是比爾・蓋茲對時代發展趨勢的預見和把握。

在二十世紀七〇年代的美國，癡迷電腦的年輕人很多，其中也不乏天才式的人物，也有很多人認識到電腦必將進入千萬家庭，但是只有年輕的比爾・蓋茲是如此堅決地採取了行動，在一九七六年，在哈佛大學上到大四的比爾・蓋茲不顧家人的反對，居然選擇了休學。再一年就可以拿到這張令無數人羨慕的文憑啊！他要全力去開創自己的事業，不可能再等待一年。

昂貴的電腦必將進入家庭，未來的時代是電腦時代——這是大趨勢！（遠見）

從自己熟悉的軟體領域入手——這是自己的優勢！（天才）

立即行動，時不我待——休學去創立自己的公司！（行動）

同時符合這三個條件的恐怕也只有這位二十歲出頭的年輕人了。

比爾・蓋茲的第一步走得義無返顧。其後三十年間，他縱橫天下，評論家說：

「除了反壟斷法以外，比爾・蓋茲天下無敵！」

作為一個普通老百姓，我們可能不會有什麼太多的「非分」之想，做不了什麼驚天動地的大事業，但就我們的普通工作生活而言，做任何一件事情，同樣也要講究個天時、地利與人和，這天時、地利其實就是「勢」的概念，天時是風（方）向，地利是位置（中心抑或邊緣），這些選擇都是需要大智慧的。

印度有這樣一個寓言故事：

一個炎熱的早晨，離大河口不遠，一頭水牛正在大樹底下休息。這時飛來一隻麻雀，落在一棵樹上，親熱地和水牛打招呼。

水牛樂了：「你喝水也值得到大河來，隨便一滴水不就夠了嗎？」

麻雀卻笑著說：「你這樣想嗎？我喝水比你喝得多呢。」

水牛哈哈大笑：「怎麼會呢。」

麻雀說：「咱們試試看，你先來。」牠知道馬上就要漲潮了。

水牛伏在河邊，張開大口，用力喝起來，可是不管牠喝多少，河裏的水不但沒少，反而多了起來。水牛肚子鼓鼓的，已經喝不下去了。

這時麻雀飛過來，把嘴伸進水中。水退潮了，麻雀追著去喝。

水牛傷心地說：「你個頭不大，水卻喝得不少。」

「你服了吧？」麻雀笑著問水牛，然後振翅飛走了。留下大水牛呆呆地望著河水，牠怎麼也想不明白，為什麼會是這樣。

水牛天天在河邊喝水，卻不知道河水漲退的變化，一味地用蠻力去拚焉有不輸之理。知識經濟時代，不用頭腦的「水牛」肯定是聰明的「小麻雀」的臣民。

要準確地預測把握變化的趨勢，不能僅僅是頭腦發熱的誇誇其談，需要的是紮實的功夫，對事物內在規律的深入研判。在此基礎上，還要掌握的就是出手的時機，過早過晚都不可以。

社會的發展和經濟的執行，其實是一種波段式、螺旋式的前進。服裝等時尚的流行，幾年時間就是一個輪迴；股票市場有漲的時候也有跌的時候，房地產有熱的時候也有低迷的時候，如果你能在合適的時機進出，那麼總在低吸高拋，如果節奏踩不對，老是追漲殺跌，接最後一棒，那麼在這種潮漲潮跌的過程中，你會「犧牲得很難看」！

順勢而為，多半會事半功倍，財源滾滾；逆風飛揚，除少數人能引領風騷外，更多的也許是費時費力不討好。

金錢的三個階段

東奔西走，蠅營狗苟，在辛苦了很多年以後，總有一天，我們忽然會發現：錢，沒有了那麼多的意義。也許一份寧靜平和的生活，才是我們最終的最愛。解決了生活問題之後，更多的金錢就如同身上的脂肪，成為累贅和額外負擔。多餘的那些玩意，不要也罷，省卻了諸多麻煩。金錢，剛開始是你苦苦追尋的「主人」，漸漸成為「奴僕」，最終，可有可無。

烈日炎炎的夏天，有兄弟倆揹著貨物趕路，他們要把這些貨物運到大山的另外一邊賣掉。同樣的東西，到了山的那一邊就能賣到更高的價錢。

兄弟倆汗流浹背，步履沉重。弟弟抱怨說：「天真熱，山真高，要是天氣涼快些、山低些該有多好啊！」

哥哥說：「不對，天再熱些，山再高些才好呢！」

「為什麼？」弟弟有些不解，也有些生氣。

「要是那樣的話，像你一樣不願吃苦的人就多了，咱們這生意的競爭對手就少了，我們就可以多賺點錢啊！」

在這個故事中，我們可以看出這兄弟倆處於生活的最低階段—為了溫飽生存而努力，而他們所從事的工作缺乏技術和資金的含量，可替代性很強，競爭的門檻很低。有力氣能吃苦的人都可以成為他們的競爭對手，所以，哥哥寧願希望自然條件再惡劣些，以減少競爭者。

在這個階段，錢是很重要的，相對賺錢也是很困難的。因為我們沒有技術，沒有資本，只有憑藉多流的汗水，才能賺到比別人多一點的錢。

一個觀光團來到非洲一個部落旅遊。一位法國商人發現部落裏的人會做一種非常精緻的草編。

他心想：「要是將這些草編運到法國，巴黎的女人肯定會非常喜歡，那麼就會大賺一筆！」於是商人便問一個正在做草編的當地人：這些草編多少錢一件？

「十比索。」當地人微笑著回答說。

天哪！太便宜了，商人欣喜若狂。

「假如我買一萬件，每一件能便宜多少錢？」

「那得要二十比索一件。」

「什麼？」商人簡直不敢相信自己的耳朵！他幾乎大喊著問：「為什麼？」

「為什麼？」對方也生氣了，「做一萬件一模一樣的草編，會讓我乏味死的。」

也許部落的生活原始簡單，也許他們沒有更多的物質需求，所以金錢並不是很重要。

從另一個角度，我們也可以做出這樣的解讀：這些草編有一定的技術含量，做這些草編是一項技術工作。對市場來說，替代性不是很強，競爭也不是很激烈；那麼這時候，對工作是否有興趣就變得重要起來。

這是一個新的階段。當我們基本解決了生活問題，自己本身也掌握了一些技能，甚至還可以從事些「小資金密集＋智慧密集」行業的時候，競爭的門檻相對高了一些，我們便可以強調心情、興趣、閒暇等等。

奇怪的是，錢的重要性下降的時候，感覺上，賺錢反而容易了許多。你可以瀟灑地說：「錢無所謂，重要的是……」。

金錢給我們帶來的邊際滿足效益在遞減。你不看重金錢的時候，它表現得更像是一個奴僕。

老街上有一個老鐵匠。現在已經沒有人再需要他打點什麼了，他改賣一些簡單的小玩意，他每天的收入，剛好夠他喝茶和吃飯的。有一天，一個文物商人從老街上經過，偶然間看到老鐵匠身旁的那只紫砂壺—古樸雅緻，紫黑如墨，有清代製壺名家戴振公的風格。他走過去，順手端起那只壺。壺嘴處有一記印章，果然是戴振公的。商人驚喜不已，想以十萬元的價格買下那只壺。當他說出這個數字時，老鐵匠先是一驚，然後拒絕了，因為這只壺是他爺爺留下來的，他們祖孫三代打鐵時都喝這只壺裏的水，他們的汗也都來自於這只壺。

壺雖沒有賣，但商人走後，老鐵匠有生以來第一次失眠了。這只壺他用了近六十年，並且一直以為是個普普通通的壺，但現在竟有人要以十萬元的價錢買下它，他轉不過神來。過去他躺在椅子上喝水，都是閉著眼睛把壺放在小桌上，現在他總要坐起來再看一眼，這讓他非常不舒服。特別讓他不能容忍的是，當人們知道他有一只價值不低的茶壺後，蜂擁而來，有的問還有沒有其他的寶物，有的甚至開始向他借錢，更有甚者，晚上推他的門。他的生活被徹底打亂了，他不知道該怎樣處置這只壺。

當那位商人帶著二十萬現金，第二次登門的時候，老鐵匠再也坐不住了。他召來左右店鋪的人和前後鄰居，當眾把那只壺砸了個粉碎。

現在，老鐵匠還在賣鐵鍋、斧頭和拴小狗的鐵鏈子之類的玩意，今年他已經一百零二歲了。我們都知道，這個超然的老鐵匠或許只存在於作家的想像當中，現實中也許沒有這樣的人物，可是，細想起來，這個故事卻讓人回味無窮。

東奔西走，蠅營狗苟，在辛苦了很多年以後，總有一天，我們忽然會發現：錢，沒有了那麼多的意義。也許一份寧靜平和的生活，才是我們最終的最愛。解決了生活問題之後，更多的金錢就如同身上的脂肪，成為累贅和額外負擔。多餘的那些玩意，不要也罷，省卻了諸多麻煩。

金錢，剛開始是你苦苦追尋的「主人」，漸漸成為「奴僕」，最終，可有可無。

人生舞台的三個要素

人生的黃金時間就這麼幾年，猶豫上一次，邁錯一回步子，摔上一回跤，不知不覺中，皺紋和白髮就來了。我們可能都聽到過一些老前輩抱怨他們的人生悲劇：那時候，我想如何如何，可是家人、公司……，有才華也施展不出來，而且，想要換個工作也不容易啊。這一晃，就退休了，再想做點什麼，也沒有機會了。

在人生的舞台中我們可以歸結出一個走向成功的邏輯順序：

首先，在我們有限的生命中，我們做任何的事情都會有風險，但是，如果什麼都不做，安於平庸混日子，那才是最大的風險。

人生的黃金時間就這麼幾年，猶豫上一次，邁錯一回步子，摔上一回跤，不知不覺中，皺紋和白髮就來了。我們可能都聽到過一些老前輩抱怨他們的人生悲劇：那時候，我想如何如何，可是家人、公司……，有才華也施展不出來，而且，想要換個工作也不容易啊。這一晃，就退休了，再想做點什麼，也沒有機會了。

今天的時代給我們提供了很多的機會，有很多的舞台我們都可以選擇。可是如果你怕登台的話，看著舞台而你不敢上，那麼再多的才華也是沒有用的，只有等退休了回家給孩子抱怨吧！

從另外一個角度來說，有的人為自己辯解：我不願意去爭名奪利，我……

如果真的是這樣的人生態度，倒也無可厚非，但是，所謂的「隱士」就值得尊敬嗎？

春秋時齊國有位名叫田仲的人，是一位隱居的士人。有一位名叫屈谷的宋國人，來到田仲隱居之地拜訪他，田仲以禮接待。屈谷說：「久聞先生高義，自耕自食，不想依賴他人過活，我很欽佩。我這次帶來一個大葫蘆，堅硬如同石頭，皮厚而中心沒有空隙，願意把它送給先生。」

田仲說：「葫蘆所以可貴是因為它可以盛放東西。現在您拿來的葫蘆皮厚而中間無空隙，它堅硬如石，難以剖開；況且它又是實心的，剖開了也不能盛物。我拿這個葫蘆沒有任何用處啊！」

屈谷說：「您說得很好，這個葫蘆確實沒用，我將把它丟棄。現在先生不依賴他人而食，也不為國家做事，對國家是沒有益處的人，不也是實心葫蘆之類嗎？」

田仲聽了屈谷的話，長時間沒說出話來。

自食其力，只是做人的最低限度；勇於任事，敢於擔當，積極施展自己的才華，為國為民為社會效力，才是做人的意義所在。

其次，你要做任何事情時，都不可能萬事俱備只欠東風，一切條件都放在那裡等你去成功。沒有條件，就需要你自己去創造條件；也許正是因為沒有條件，別人都放棄了，才正好給你留下了機會；也只有在這個過程中，才能顯示出你的過人之處。

放棄和退縮是最容易做出的選擇，但也是虛度年華的罪魁禍首。和大家都一樣了，你的價值何在呢？人有了一點精神特質，就不會被輕易的替代—不可替代，就說明了你的價值所在。

在美國有一位十六歲的小男孩，在暑假將臨的時候，想要找份工作。他謝絕了父親的幫助，在報紙的求職欄上仔細的尋找，終於找到了一個很適合他專長的工作，求職欄上說找工作的人要在第二天早上八點鐘到達四十二街的一個地方。小男孩並沒有等到八點鐘，而是在七點四十五分鐘就到了那裡。可是他看到已經有二十位男孩排在那裡，他只是隊伍中的第二十一位。

怎樣才能引起特別的注意而競爭成功呢？小男孩想出了一個辦法。他拿出一張紙，在上面寫了一些東西，然後摺得整整齊齊，走向秘書小姐，恭敬地對她說：「小姐，請妳馬上把這張紙條轉交給妳的老闆，這非常重要。」

「好啊！」她說，「讓我來看看這張紙條。」她看了不禁微笑了起來。她立刻站起來，走進老闆的辦公室，把紙條放在老闆的桌上。老闆看了也大聲笑了起來，因為紙條上寫著：「先生，我排在隊伍中的第二十一位，在您還沒有看到我之前，請您不要做出決定。」

最後小男孩是不是得到了工作？他當然得到了工作，因為他很早就學會了動腦筋。一個會動腦筋思考的人總能掌握住問題，也能夠解決它。

處於第二十一的位置，是沒有什麼優勢可言的，但動腦筋的結果卻使他戰勝了佔據有利地位的對手。

再者，一旦你選擇了做一件事情，就一定要把它做得比別人好，你一切的財富、機會和希望就在手頭上的事情中。看似平常的生意和事情，只要你用心去做，就會有好的回報；你要想獲得超過平均利潤的財富，那你就要擁有超過常人的智慧或付出更多的努力；眼前的事情做不好，三心二意地幻想著下一個機會、別的事情是沒有用的。

據說年輕的洛克菲勒初入石油公司工作時，既沒有學歷又沒有技術，因此被分配去檢查石油罐蓋有沒有自動焊接好，這是整個公司最簡單、枯燥的工作，人們戲稱連三歲的孩子都能做。

每天，洛克菲勒看著焊接劑自動滴下，沿著罐蓋轉一圈，再看著焊接好的罐蓋被輸送帶移走。半個月後，洛克菲勒忍無可忍，他找到主管申請改換其他的工作，但是被回絕了。無計可施的洛克菲勒只好重新回到焊接機旁，下定決心既然換不到更好的工作，那就把目前這個工作做好再說。

於是，洛克菲勒開始認真觀察罐蓋的焊接劑滴量，並仔細研究焊接劑的速度與滴量，他發現，當時每焊接好一個罐蓋，焊接劑要滴落三十九滴，而經過周密的計算，結果實際上只要三十八滴焊接劑就可以將罐蓋完全焊接好。

經過反覆的測試、實驗，最後，洛克菲勒終於研製出「三十八滴型」的焊接機，這也就是說，用這種焊接機，每只罐蓋比原先節約了一滴焊接劑。可是，就這一滴焊接劑，一年下來卻為公司節省出五億美元的開支。

年輕的洛克菲勒就此邁出日後走向成功的第一步，直到成為世界石油大王。

人生如戲。一是有機會登台時就不可畏首畏尾，怕擔風險而退縮；二是也許沒有現成的舞台，也許舞台的條件不好，這時需要你自己去創造和改善；三是只要你在舞台上，不管正在扮演什麼角色，都要盡全力演到比別人好，唯有如此，你才會有更重要的角色、更好的機會和更多的收穫。

人生六個五年計劃

在坐標圖中，我們可以清晰地看到一個平時很容易被大家忽略的事實：不論你做什麼，不論你有沒有成就，時間是不會停止腳步，它會按照著固定的速度把你拉向終點。也就是說，不管你的OS值是進步還是退後，OT值都是在一直前進，直到戛然而止。

人生一世，草木一秋。在此，造物主對任何人都是平等對待的。無論顯貴還是貧民，數十年的光陰飛逝，大家都有一個共同的終點站：墓地。

數十年的旅程步步走過，芸芸眾生在此大致可分為以下三種型式：

一是糊裡糊塗型，終其一生，日復一日，年復一年，既無目標也無追求，吃喝拉撒睡之間，就走到了盡頭；第二種人，時而清醒，時而糊塗，一會雄心萬丈，一會又隨波逐流，幾經起落，終究自認平庸，仰天長嘆：此生運氣太差，如果有下輩子，哼！定當如何如何；還有一種人，除去少不更事和老糊塗兩個自然「糊塗期」外，在人生旅程的關鍵時刻，始終頭腦清醒，目標明確，行動有力。不用多說大家也知道，第三種人的人生最有價值和收穫。

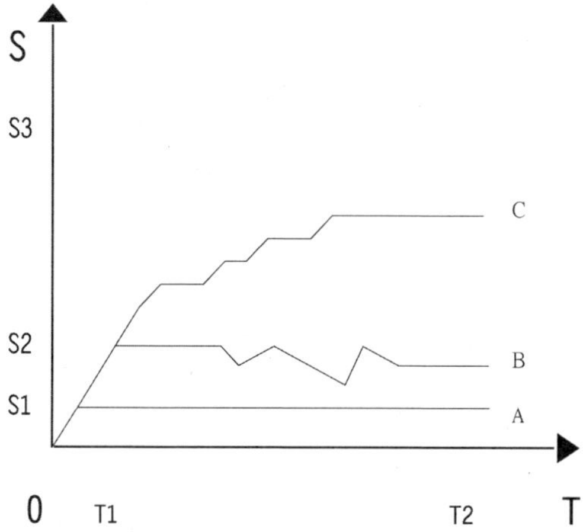

我們用T來代表時間，用S來代表事業，可以建立一個坐標圖：

坐標圖中的三條曲線A、B、C分別是上述三種人的人生示意。A線在一個較低的點上水平向後移動，沒有向上的突破；B線比A線略強，但高度有限，且起伏不定；只有C線平穩向上，一段時間上一個高度，取得較大的成就。

在坐標圖中，我們可以清晰地看到一個平時很容易被大家忽略的事實：不論你做什麼，不論你有沒有成就，時間是不會停止腳步，它會按照著固定的速度把你拉向終點。也就是說，不管你的ＯＳ值是進步還是退後，ＯＴ值都是在一直前進，直到戛然而止。

第一種人我們忽略不計，因為他自己不想有所成就，誰也無法強迫他做什麼，他也沒有改進自己生活品質的慾望。我們討論的議題是第二種人如何進步為第三種人，即幫助那些想成功的人找到一個行之有效的方法。

剔除Ｔ１之前（少不更事）和Ｔ２之後（老糊塗）的無效時間，我們一生中的真正有效時間並不多，做事業的黃金時間基本上可以確定為二十五歲至五十五歲的這三十年間。二十五歲前是受教育和準備時間，五十五歲之後，就基本上要結束歷史舞台，那麼人生的根本問題就可界定為：如何利用這有效的三十年時間而取得人生的最大收益。

資源（時間和精力）是有限的，經不起揮霍和浪費，對任何資源最有效組合和利用的前提是科學的規劃。小到一家公司，大至一個國家，都會有十年規劃、五年計劃和每個年度的計劃，年初的計劃會議和年終的總結會議大家都司空見慣，但很少有人會主動地規劃自己的一生，清醒地給自己制定出合理的長、中、短期的計劃和目標，然後按既定方針，一步步地實現目標。

如上所述，我們一輩子的有效時間大致可以看成三十年的光陰，也就是說可以制定六個五年計劃。每個人有自己的具體實際情況，但一般而言，人生的軌道還是有以下的規律性：

第一個五年計劃：

一般要解決自己的定位問題。我到底是什麼樣的性格和有什麼特長？我想成為什麼樣的人？哪個行業適合我？我應該在什麼樣的位置上發展？在這個階段，主要是走向社會，透過實踐活動，認識自己和社會，從而儘快地給自己一個準確合理的定位。

第二個五年計劃：

是要在所選的行業中站住腳，獲得一個初始的位置，並解決基本的生活問題，有一個安定的心態，並逐漸累積各種資源，包括知識、技能、經驗和人脈關係等。

第三個五年計劃：

則要成為公司部門的骨幹、行業的專家，獲得較高的位置，有一定的實力，可以調動運轉很多資源，找到做事業的感覺，淘到第一桶金，房子、車子問題應全部解決，有成功人士的自我感覺並獲得認可。

第四個五年計劃：

大部分是在四十歲以後，當進入了這個時候所要上的台階是從小康到富裕，必須進入社會的菁英階層，在公司中要進入決策層，在行業中要有影響力，正是縱橫捭闔、呼風喚雨之時。

第五個五年計劃：

可能會發展與守成並重，因人而異，有的人還高歌猛進，有的人則求穩持重。這個階段基本是把持大政方針，放手讓年輕人打拚了。

第六個五年計劃到來之際：

一般說來，各位的創造力和精力都在走下坡路了，以現代社會的節奏，多半到了退位讓賢的時候。當然也有老當益壯之人不在此列。

以上所說是一些籠統的規律性的東西，具體到各位身上，自然不能完全對號入座。而且，再做細分，則每一年、每一月、每一週、每一天，都要有具體的計劃和安排，將目標化整為零，將時間化零為整，如此這般，才能對得起這數十年的大好時光。

盡人事，聽天命，有的時候成敗很難說清。但關鍵是，我們不能糊裡糊塗地度過這一輩子，只要我們頭腦清醒，全心地投入了，那麼無論成敗，此生無憾。

我們來看下面一個故事：

在法國里昂，一位七十歲的布店老闆快要不行了。臨終前，牧師來到他身邊。布店老闆告訴牧師，他年輕時很喜歡音樂，曾經和著名的音樂家卡拉揚一起學吹小號。他當時的成績遠在卡拉揚之上，老師也非常看好他的前程。可惜二十歲時他迷上了賽馬，結果把音樂荒廢了，否則他一定是一位出色的音樂家。現在生命快要結束了，反思一生碌碌無為，他感到非常遺憾。他告訴牧師，到另一個世界後，如果再選擇，他絕不會再做這種傻事。牧師很體諒他的心情，盡心地安撫他，並告訴他，這次懺悔對牧師本人也很有啟發。

這位牧師是誰？他是法國最著名的牧師納德·蘭塞姆。無論在窮人心目中還是在富人欄位裏，他都享有很高的威望。在他九十高齡的一生中，他有一萬多次親自到臨終者面前，聆聽他們的懺悔。在他的人生後期，納德·蘭塞姆想把他的六十多本日記，內文中全是這些人的臨終懺悔編成書，但因法國里昂大地震而毀於一旦。納德·蘭塞姆去世後，安葬在聖保羅大教墓碑上工工整整地刻著他的手跡：

假如時光可以倒流，世界上將有一半的人可以成為偉人。

時光不可以倒流，所以偉人沒有那麼多。聰明人知道：「臨終的反思也許特別深刻，但對於我們來說，已經太晚了，那更多的是悔恨和遺憾！我們要做的是對生命清醒地及早的規劃！」

財富的百年傳承

第一代的創富人物都有著傳奇英雄的色彩，能在千軍萬馬中脫穎而出，自有其過人之處，但即使不出意外，歲月也不饒人，這一代風雲人物終究是要退出歷史舞台：家族企業如何平穩度過和交接權力？財富如何延續？是各路老大們要解決的關鍵問題。

記得看過這樣一個故事：

話說臺灣某個小鎮上有一位雜貨店老闆，經營這個小店已有二十多年，生意一直很好。但他沒有上過學，不習慣用帳簿。他把支票放在一個棕色的大信封內，把鈔票放在雪茄盒裏，把到期的帳單都插到票夾上。

有一天，他的兒子回來看他。兒子大學畢業，是個會計師。兒子說：「爸爸，我實在搞不清楚你是怎麼記帳的，你根本無法核算出成本和利潤。我替你設計一套現代化會計系統好嗎？」

父親說：「不必了，孩子，我心裏有數。我爸爸是個農民，他去世時，我名下的東西只有一條工作褲和一雙鞋。後來我離開農村，跑到城裏，辛勤工作，終於有了這家雜貨店。今天我有一個妻子和三個孩子，你哥哥當了律師，你姐姐當了編輯，你是個會計師。我和你媽住在一間很不錯的房子裏，還有兩部汽車。我是這家店的老闆，而且不欠人家一分錢。」

父親停了一下，接著說：「我的會計方法很簡單，把這一切加起來，減去那條工作褲和那雙鞋，餘下的都是利潤。」

這個故事是我很欣賞的一個故事。店主人那豁達的人生態度給我留下了很深的印象，在生意上不順利的時候，我就想起這個故事，安慰自己：用自己今天所擁有的一切，減去至今仍保留在我家地下室裏的，當年我來北京求學時所帶的那個木頭箱子，剩下的就都是我這幾十年來在北京奮鬥的純利潤——比上不足，比下有餘。

但近來，我對這個故事的理解有了修正：對於一個小本經營、只為養家餬口的老人家來說，他的見解是非常正確的，但對於在現代經濟社會奮鬥的人來說，則未免有些消極。作為一個「家族企業」的第一代「掌門人」，他更應該考慮的是事業的發展和財富的傳承。

在上個世紀，中國時局動盪，私有財產未能得到有效的保護，所以也很少有延續百年的家族企業和字號。富不過三代，有自身的原因，其實也有社會的原因：家裏沒有出敗家子，動盪的社會也難以讓你保全你的私產。今天軍隊派餉，明天土匪登門，後天官家勒索，你又能如何？

時至今日，情況已然不同。儘管有諸多爭議，但保護合法的私有財產已經寫進了憲法，物權法也即將實行。民營、私有企業家（主）們應該對自己的財富做出長遠的戰略性佈局，認真考慮「富過三代」的問題。

其實，在人們的不知不覺中，「富二代」群體已經開始登上了歷史舞台。

中國第一代的創富人物都有著傳奇英雄的色彩，能在千軍萬馬中脫穎而出，自有其過人之處，但即使不出意外，歲月也不饒人，這一代風雲人物終究是要退出歷史舞台：家族企業如何平穩度過和交接權力？財富如何延續？是各路老大們要解決的關鍵問題。

對於他們來說，在所有的佈局中，最重要的是人事上的佈局。自己半生辛苦，一手建立的帝國，當然最好是父業子承，二世、三世地延續家族品牌，但是，也有不盡如人意的時候，孩子對此不感興趣或壓根就不是這塊料，怎麼辦？

第一，要做制度性的設計和安排。這方面有很多的專業公司可以為你安排，西方國家現成的例子很多，我就不多說了。

第二，最關鍵的是，無論如何，不能讓孩子成為「敗家子」或對自己的事業毫不知情。他的興趣愛好可以在學術或別的方面，可以不親臨一線經營，但他不能胡來，不能「崽賣爺田不心疼」，不能讓人騙了還幫助人家數錢！

在我們老家的農村，大姑娘在找婆家時，老輩們掛在嘴邊的一句忠告就是：「圖人一隻虎，圖房一堆土！」什麼意思呢？就是說，你找對象，要看小伙子人行不行，如果人不行，再多的房子也終究會剩下一堆土。

嚴禁鴉片、抗擊殖民列強的民族英雄林則徐，在自己的書房裏掛著這樣一副對聯：

子孫若如我，留錢做什麼？賢而多財，則損其志；子孫不如我，留錢做什麼？愚而多財，益增其過。

可是，新的問題來了：我們這麼忙，哪有時間管孩子啊？

這不是理由，無論你賺多少錢，有多大的事業，將來都是要交到孩子的手裏呀，孩子要是不爭氣，賺再多的錢又有什麼用呢？我們看作家高虹講的一個故事：

某一年的暑假，大陸的某外國語學校和香港、澳門的有關方面合辦了一個夏令營。這次夏令營活動地點在香港，營會指導員也是由香港方面的人出任。

夏令營活動開始那天，組織者就給了全體人員一個新奇的概念：三餐吃飯要分成三個等級，上等人只有很少數，中等人佔全體人員的三分之一，其餘多數人是下等人。上等人吃飯是在豪華漂亮的餐廳，那裡有高級的設施和美味的佳餚，用刀叉吃西餐。在那裡用餐的人都不由自主地顯得彬彬有禮，男生像紳士，女生像淑女，言談舉止無不透露出良好的修養和不俗的品位。中等人呢？卻要拿著盤子自己排隊去打飯，屬於快餐性質。沒有湯喝，只能喝礦泉水，更不要說飯後甜品了。飯後還需要他們清洗自己的盤子餐具。下等人就更慘了點，大家開始吃飯的時候，他們中的一部分要先侍候上等人，另一部分在餐廳裏當服務生，隨時把髒了的桌椅擦乾淨，以保持餐廳的衛生。還有一部分人是給就餐者表演節目，上等人點了什麼歌他們就得唱什麼歌。

那麼三等人是怎樣產生的呢？營會組織者先把全體人員分成了九個小組，第一天每個小組選派一個代表抽籤。筆筒中有一根上等籤，兩根中等籤，其餘全是下等籤。抽到上等籤和中等籤的小組，第一天就自然成了上等人和中等人。但是以後就要憑藉每個小組當天的表現來決定第二天的身分待遇了。每天晚上大家都要開會討論決定第二天的三等人。想當上等人的小組，必須拿出當天他們的成績和表現做為有力的證據，說明自己配得上當上等人。

營會指導員解釋說：第一天憑抽籤決定，這意味著每個人的出身都是由不得自己的。但是第一身分不是你的終生身分，以後的路還很長，就靠你自己走了。你得憑你自己的能力打天下，改變或是優化你的身分。這時你的社會地位，你的角色改變就是自己基本能夠把握的事情了。

當人員們聽到這裡的時候，大家都默不作聲了，接著大家開始分小組、抽籤—說明大家都接受了這一個遊戲規則。

但是理性上的同意和接受相對來說尚還簡單，當抽籤以後把人員們分成了上、中、下三等人後，不平等和受屈辱的感覺才那麼真切地來臨了。極少數的上等人興奮而略帶些拘謹地進入了二樓的餐廳，中等人在一樓的快餐店裏悶悶不樂地打發填飽肚子，給下等人準備的竟然是醬湯泡白飯。一些下等人拒絕就餐，更不用說頭戴小紅帽去給「上等人」當服務生了，他們坐在外面的草坪上，眼望著二樓的豐盛晚宴，一道有形的玻璃幕牆和無形的等級身分就這樣把人分成了兩個世界，兩個完全不同的天地。一些「下等人」開始起鬨、嬉鬧、玩世不恭，而「上等人」在眾目睽睽之下，也開始不安起來，他們感到揹負著一種從未承受過的壓力，根本無法盡情地享受大餐。

第一天的晚餐就這樣草草收場了。那天晚上有很多人自己掏錢買餅乾充飢，還得背著營會指導員。

但是營會組織者們並不因此改變計劃。第二天活動結束後，按照第一天宣布的議程，評選出當天的「三等人」，才好根據評選結果決定晚餐。第一天的「上等人」小組不幸在第二天被評為了「下等人」小組中的一個，他們中的每個人都嚐到了落差的滋味。

第三天是一個連續當了兩天「下等人」的小組，終於成功地登上了「上等人」的寶座，他們歡呼雀躍，當然也有人一下子變得趾高氣揚。

這樣的評選持續了多日以後，大家對此漸漸習以為常，也比較能夠以平常之心來對待了。「上等人」不再那麼興高采烈，「下等人」也不再沮喪萬分。

在夏令營結束的時候，組織者發給每個人的活動紀念手冊上寫著他們此項舉措的目的。他們認為世界各國各地，無論你在什麼地方，都面臨著一個多元文化的社會。進入這個社會，不但要找到自己的角色定位，還要懂得理解和尊重與你不同身分、角色的各種人群。只有承認了社會的多元性，才能以開放的觀念、平和的心態，去對待社會的公平和不公平，社會成員之間才能彼此接受，互相欣賞，每個人都會加強自己的社會歸屬感。透過將大家分成上、中、下三等人的行動，讓每一位參加者都親身感覺一下社會各個不同階層的人、不同文化背景的人、不同經濟收入的人，各有什麼樣的心態和行為。如果你對自己角色定位不滿意，你當然還可以努力爭取改變它，而且在現代社會你並不是孤單英雄，你還需要與你周圍的人溝通融合，講究團隊精神，說服他人接受你的文化價值觀，一起去實現目標。當然也有人對自己既定身分、角色十分滿足，這時候他們其實懂得了並體會到，社會每個階層的人都有自己不同的快樂和煩惱，他們在生活中就能保持一顆平常的心。

在上帝眼中，人是平等的。可是在任何社會中，人都會有一個「身分」，這個身分由很多因素組成：家庭出身、職業、財富、成就地位等等。以這個身分為基礎，社會形成了各個階層和相對的遊戲規則，這是我們必須正視的現實。

也許我們奮鬥了多年以後，有了一定的經濟基礎，潛意識中，我們與孩子都會以「上等人」自居，但「授之以魚，不如授之以漁」，如果不把孩子訓練好，他們會走下坡路的。

投資經營事業，呼風喚雨於資本市場，在某個「適合人類居住」的地區謀篇佈局大大小小的富裕人群，要為自己做出大大小小的財富安排：在企業中要著眼於未來，建立起現代企業制度，逐步將家族企業納入可持續發展的軌道；在家裏教育好子女，將來即使他們不繼承事業，也不能讓他們成為紈絝子弟，而且你如將財產妥善安排，也足可保證他們的基本生活；在海外的投資、置業或定居生活，則又是另一番天地了。

一個小雜貨店的老闆，可以對自己衣食無憂的生活恬淡知足。可是，在現代的社會，對於各位企業家來說，是否能將自己辛苦賺下的這麼多「利潤」妥善安排，並打造出百年家族品牌呢？

財富的百年傳承，首先是人的傳承，精神的傳承！這樣，在一個文明和平的社會裏，我們可以富過三代！

誰是聰明人？

聰明的人會工作，他們總是事半功倍，所以他們又有閒又有錢，即使事情全擠在一起，他們也只是忙上一陣子，而且，就算再忙，他們也是井然有序，不會慌亂。不聰明的人不會工作，他們總是「事倍功半」，效率低下，時間不夠用，越忙越亂，越亂越忙，工作和生活都處於無序的忙亂之中。

在這個世界上，有兩種人：悠閒的富人和忙碌的窮人。**富人悠閒，不是因為有了錢才悠閒，而是因為他能夠悠閒才成為富人；窮人忙碌，不是因為沒有錢他才去忙碌，而是因為他忙碌才貧窮。**

我這麼說，肯定會有很多人罵我：你腦子進水啦？有沒有搞錯？你是不是把原因和結果顛倒了？

別著急，我自有我自己的道理。我們再來用另一種方法畫分一下周圍的人：聰明的人和不聰明的人。聰明的人比較悠閒自在而且有錢，不聰明的人忙忙碌碌卻依舊有解決不完的生活難題。

聰明的人會工作，他們總是事半功倍，所以他們又有閒又有錢，即使事情全擠在一起，他們也只是忙上一陣子，而且，就算再忙，他們也是井然有序，不會慌亂。

不聰明的人不會工作，他們總是「事倍功半」，效率低下，時間不夠用，越忙越亂，越亂越忙，工作和生活都處於無序的忙亂之中。

有動腦子動嘴巴的人，也有跑腿出力的人；有的人腦子忙，有的人腿忙；有人在雞尾酒會上輕鬆地簽著上百萬的合約，有人在烈日之下揮汗如雨。

無論怎麼分，基本上都是前一種人富裕而悠閒，後一種人貧窮而忙碌。

不知道你們怎麼樣，反正我從小到大，就喜歡偷懶，喜歡考試完了別人說：「這傢伙不用功，可是成績還這麼好，真聰明！」

每次聽見這些話，自己的心裏都得意極了。

我尊重勤奮努力的人，但並不欣賞只勤奮努力而不動腦筋思考的人。

就以學習為例來說。有很多人雖然很用功，但從來就沒有掌握學習的規律和適合自己的學習方法，只是在家長和老師的督促下和自己內疚感的驅使下，不睡覺在燈下苦熬，既學不進去又不甘心去睡覺，日復一日，年復一年，熬壞了身體，降低了效率，成績還上不去，於是又接著加班。

他們從來沒有享受到學習的樂趣！

我在高三時，每次綜合考試都領先第二名三十至四十分。我無力（也沒有動力了）把差距拉得更大，他們也沒有辦法縮小差距，就這樣持續到大學聯考，依然沒有改變。而且，最讓同學們「氣憤」的是，我又當學生幹部參加社團活動，還跟女同學接觸比較多，老師讓我到各班去講學習經驗。說實話，我沒有任何保留，把自己的心得體會都說了，可是他們就是不敢效仿。

我說：「我們要把書讀薄。大家一遍遍的複習，實際上有很多是在浪費時間，已經全部掌握了的地方，你隔一段時間溫習一下就可以了，重要的是一點一點地消滅那些自己沒學好的地方，用不著把書從頭到尾又來一遍；幾門課程哪一門需要用功、每門課程中哪些地方應該用功，這些都要心裏清楚；不要天天做題目，題目拿到手要看，會做的就不要再去做了，一加一等於二，你再做一千遍也提高不了你的數學水準啊！只需要去做那些不太有把握的。」

勤能補拙，這個說法有點道理，但要加上補充條件—在勤奮的同時，你開動了腦筋。否則，你仍然是簡單的重覆勞動，能有多大的進步？

一把大鎖掛在門上，各種鐵棍們奮勇上前，但都無功而返。小鐵片鑰匙來了，輕輕一插，鎖就開了。

任何事情、任何工作都有竅門和規律，但必須你要找到那把鑰匙！

在經濟學中，有一個著名的「二八法則」，也叫八〇／二〇法則（the80/20principle），又稱為帕雷托法則、帕雷托定律、最省力法則或不平衡原則。

十九世紀末，義大利經濟學家帕雷托研究英國人的收入分配問題時，驚訝地發現了這種現象：

大部分財富流向小部分人一邊，這部分人口佔總人口的比例，與這一部分人所擁有的財富的份額，具有比較確定的不平衡的數量關係。而且，這種不平衡模式會重覆出現，具有可預測性。這種不平衡的數量關係為二〇％對八〇％，簡單來說，就是二〇％的人口擁有八〇％的財富。

後來，經濟學家把這一發現稱為「帕雷托收入分配定律」，認為是「帕雷托最引人注目的貢獻之一」。管理學家們也非常看重這一結果所體現的思想，即不平衡關係存在的確定性和可預測性。正如理查·科克有一個精彩的描述：「在因和果、努力和收穫之間，普遍存在著不平衡關係。典型的情況是：八〇％的收穫來自二〇％的努力；其他八〇％的力氣只帶來二〇％的結果。」

八〇／二〇法則現象在生活中非常普遍，舉一個例子：世界上大約八〇％的資源，是被世界上一五％的人口所耗盡的。世界財富的八〇％，為二五％的人所擁有。在一個國家的醫療體系中，二〇％的人口與二〇％的疾病，會消耗八〇％的醫療資源。

再例如在客戶的選擇上，大家通常在說：我們有多少多少的客戶，平均每年每人消費多少多少等等。這種論斷掩蓋了一個事實，那就是八〇％的客戶最多只給你創造了二〇％的利潤，而你卻在他們身上花費了八〇％的精力。以銀行為例，大家爭相發卡，總使用量不小，但其中卻至少有八〇％是休眠卡，長期沉睡，還有很多小額結餘的帳戶實際上會給銀行帶來虧損，而大額結餘的帳戶則帶來所有的利潤。

在西方有人說過：「上帝和整個宇宙玩骰子，但是這些骰子是被動了手腳的。我們的主要目的，是要瞭解它是怎樣被動的手腳，我們又應如何使用這些手法，以達到自己的目的。」八〇／二〇法則無時無刻不在影響著我們的生活，所以我們有必要研究一下這粒神奇的「骰子」。

所以說，你只是忙碌而不動腦子是很危險的，因為你沒有忙對地方！把時間和精力都浪費在沒有價值的事情上了。你沒有區分出哪些事情能給你帶來高額的回報，哪些事情根本就沒有價值。於是，在你辛辛苦苦、按部就班地完成所有事情的同時，你也正在浪費自己的寶貴時間。

八〇％的收穫來自二〇％的時間，八〇％的時間創造了二〇％的成果。對於這句話，很多人都會感到驚慌和沮喪。他們不能相信自己用八〇％的工作時間所做的事情，僅僅帶來少得可憐的二〇％的工作成績。他們急於從自己的工作時間表裏找出那最有價值的二〇％的時間，並努力將它擴大到四〇％、五〇％甚至更大的份額。要怎麼做才能達成這樣的目標呢？

工作時間表上記錄的密密麻麻的事情中，到底有多少是有價值的呢？對於你付出的時間它們給予回報了嗎？你知道哪些是「高價值」的事情並對你很重要？哪些是阻礙你發展和進步的「低價值」的時間浪費？

當你認識到哪些事情是騙走你寶貴時間的低價值活動，你就要像清除衣櫥裏過時、廉價的舊衣服那樣，毫不客氣地將它們丟掉。不論在別人眼裏它們多重要、多緊急，你都要告訴自己：「那是低價值的時間浪費」。

我們再來看一個運用此規律的高手——英國投資專家理查德．考茲的總結。

我進牛津時，學長告訴我千萬不要上課。他說：「要盡可能做得更快，千萬不要把一本書從頭到尾讀完，除非你是為了享受讀書本身的樂趣。你讀每本書的時候，應找出其中的精髓，這可比從頭到尾快多了。讀一次結論，讀一遍引言，然後再讀一次結論，接著蜻蜓點水似的讀一下有趣的片段。」他真正的意思是說，一本書八〇％的價值，能在所有頁數的二〇％之內表達，而且要在看完整本書所需時間的二〇％之內完成。

我很喜歡這種學習方法，也一直沿用它。牛津並沒有一個連續的評分系統，成績的高低完全憑課程結束的期末考試決定。我發現，若分析了過去考試的「考題」，把這二〇%或甚至更少的課程相關知識準備好，就可以起碼將八〇%（有時候甚至一〇〇%）的測試內容答得很好。因此，專精於一小部分內容的學生可以給主考的人留下深刻的印象，什麼都知道卻不專精的學生卻不盡然。這項心得讓我非常有效率地讀書。不知何故，我並沒有非常努力讀書，但是總能得到很好的成績。過去我認為，這證明牛津的老師容易騙。但我現在意識到，他們或許教了我們世界是如何運作吧。

亞當・格蘭特到殼牌（Shell）石油公司工作，在可怕的煉油廠內服務。事後回想時說：這可能對我的靈魂有益。但是我那時很快意識到，像我這種年輕又無經驗的人，絕好的工作可能是顧問業，所以我去了費城，而且輕鬆取得霍頓（Wharton）工商管理碩士學位（因為我瞧不起哈佛集中營式的教育）。然後我加入一家頂尖的美國顧問公司。上班的第一天，我領的薪水就是在Shell石油公司的四倍。在我這個年齡的小伙子，八〇%的收入集中在二〇%的工作上。

除此之外，我在這裡還偶然發現許多八〇／二〇法則式的矛盾。顧問公司八〇%

的業務成長，幾乎全來自不到二〇％的專業人員的公司。而八〇％的快速升職計劃也只有在小的公司才有，有沒有才能根本不是主要問題。當我離開了第一家顧問公司，跳槽到第二家的時候，兩家公司的人員平均智能都提昇了。

然而，很奇怪，我的新同事比前一家公司的同事更有效率。為什麼會這樣呢？新同事並沒有比較賣力工作，但他們在兩個大方向上遵守八〇／二〇法則。首先，他們明白，八〇％的利潤來自於二〇％的客戶，這對大部分的公司來說都成立。這便意味著必須關注兩大方向，大客戶與長期客戶。大客戶所給的任務大，這表示你更有機會運用較年輕的顧問人員。長期客戶的關係已經形成了依賴，因為他們若換了另一家顧問公司會增加成本，而且長期客戶通常不會太在意價錢的問題。

對大部分的顧問公司而言，爭取新客戶是重點活動。但在我的新公司裏，盡可能與現有的大客戶維持長久關係的才是英雄。

不久以後我確信，對於顧問和他們的客戶而言，努力和報酬之間沒有什麼關係。如果有關係，也可能微不足道。人應該聰明，而非一味努力。可惜我們往往太拚命工作了，而收效並不與之成正比。

要看誰的臉色？

踏踏實實的做自己喜歡做的事情，看似與世無爭，窩窩囊囊，其實，該得的也都得到了，而且還自由自在，神采飛揚！相反，如果把自己的心思放在類似如何討好別人、如何搞好人際關係方面，那麼，最後被邊緣化的終歸是你自己！因為，你的專業已經荒廢了，你隨時可以被替代！

不知不覺中，給《科學投資》寫文章已經有幾年時間了。剛開始的時候，是為了還雜誌總編輯鄭劍輝老師的「債」──他是我當年進入報界、提筆寫東西賺稿費的「介紹人」和「領路人」。寫來寫去，欲罷不能──除去鄭老師的因素外，我自己也喜歡上了這份頑強成長的雜誌。

在當今中國大陸，財經類的雜誌種類繁多，但就微觀層面上給「小中產階級」以切實和多角度服務的並沒有幾家。而《科學投資》一路走來，漸趨佳境，也敘述了各位對它的需要和喜愛。

我冒昧地將雜誌的讀者定義為「小中產階級」，相信各位不會計較我的「無禮」。從雜誌對讀者的調查來看，是典型的「中間大兩頭小」，也就是說大多數讀者是和我一樣的：基本解決了生存（生活）問題，手裏拿著不多不少的一點閒錢，算計著如何投資賺錢，努力地想上一個新的台階。

我們中間，功成名就、執掌著跨國公司的少，按部就班拿固定薪水的也少，我們多半是在拿著自己的血汗錢，做著比較辛苦的生意。

為什麼我們會選擇這條路呢？

浮在台面上的答案是賺錢，賺比打工上班更多的錢。除此之外，無論你是否意識到，我們的骨子裏還埋藏著一個答案：那就是自由！自作主張，自己決定自己的命運！從性格傾向來說，追求著「獨立之人格，自由之精神」。

二十多年前，我大學畢業在一家單位上班，朝九晚五，喝茶看報，如此一晃就是兩年。

有一次幾個老同學坐在一起，大家的話題仍舊是：誰在單位得到領導的賞識啦，誰的單位最近可能要調薪資啦，誰跟主管分房的人把關係搞得不錯啦，要不要去領導家拜年啦。聊著聊著，我莫名其妙地有些傷心和憤怒的說：「我們辛辛苦苦讀了十幾年書，考上了中國大陸最好的大學，那時候激揚文字指點江山，可是今天，難道我們就要過這樣一種生活嗎？看某個人的臉色行事，靠別人的賞識生活，為了調漲工資分房去巴結他們—那些我們從內心裏看不起的人，我們的未來竟然要由他們決定！真是悲哀到了極點！」

也許是怨氣積壓已久，再加上幾杯二鍋頭下肚，大家轟然而起，一致叫好，最後達成共識：「不在機關混日子了，找機會下海！自己決定自己的命運！」

從那時候起，我們之間的大多數人都開始了艱苦的創業生涯。二十餘年的打拚，我們成就大事者很少，但都解決了生活的問題。最關鍵的是—我們都能活得神采飛揚，自由舒展，不需要看任何人的臉色！當然，也有沒下海的同學也混得不錯，生活得很滋潤，人各有志，大家追求的不一樣，在意的東西也不一樣。

就好比我們要從此岸到彼岸，你可以買張票去坐鐵達尼號，它安全到了，沒有你什麼功勞，因為你只是乘客之一；它沉沒了，雖然你沒有錯誤，但也得跟著倒霉。

相反，打造自己的一葉孤舟，揚帆前行，到了對岸，全是自己的功勞；出了問題，我也不會怨天尤人。兩種選擇，是兩種截然不同的個性的表現。

看過這樣一個故事：

一個擦皮鞋的中年人，他總喜歡別人問他：「生意好嗎？」

他說，他從前很窮，耕過地、扛過水泥、當過包工頭，發起來的時候，自己也開過公司。後來他垮了，又和以前一樣窮。但這一次，他不想再從打工開始——儘管他的雙臂仍和以前一樣有力，仍然可以找到一份收入不太壞的工作。經商的經歷讓他覺得，一定要自己去做，所有境況才能真正被改變。擦鞋攤雖小，卻是屬於他自己的「生意」。

選擇了做生意這條路，就是選擇了自己把握自己生命的生活方式。大紅大紫也好，養家餬口也好；三年不開張，開張吃三年也好，錢之外，我自由！

前些日子，我高中時的一位老師（現已身居高位）想讓我到他們單位下屬的出版社去做總編輯，我推辭說：「山野村民，自由散漫慣了，不能勝任啊！」而且這些年，我的頂頭上司就是老婆孩子，除了聽他們的話，已經不習慣聽領導訓話了，也不會念文稿講話了，我要是去了，肯定把單位給搞成自由市場，您不能用我這樣的人啊！

老師再也不理我了。

以上的文字是當時給《科學投資》雜誌的，限於篇幅和雜誌的讀者定位，還有一點意思沒有完全講出來，那就是除了自己做生意以外，還有一種人生也是我嚮往的，那就是專業人士！

我夫人在一家大型國有企業從事法律工作，還是個小小的負責人，單位的人際關係一度令她很苦惱。我這個「參謀長」就給她出謀策劃。我說：

第一、妳要清楚，妳的定位是專業人士，是靠自己的專業本領吃飯，不是靠巴結領導搞人際關係吃飯。在此前提下，人際關係的最高指導原則就是以不變應萬變，把任何複雜的事情都簡單化處理，根本就不要在人際關係方面動這些心思，不要去看任何人的臉色行事，憑自己的專業知識和良心道德去開展工作；尊重所有的人：上級、同級和下級，兢兢業業地做好自己的業務工作，同事有困難了熱心幫忙，但並不是要刻意去討好誰！

第二、不管別人做不做事，妳自己該做什麼就做什麼，該怎麼做就怎麼做，業務能力都是在這些工作中鍛鍊出來的，做事是沒有虧吃的；領導提拔重用妳，妳好好做，但沒有必要對他個人感恩戴德；如果得不到重視提拔，收入不滿意，那麼只要妳有專業本領，不怕去別的地方另謀發展。

第三、不去琢磨人際關係，並不是就不與別人打交道。只是不要東家長西家短，不去揣摩領導的想法而已，並且要跟人家和睦相處，不要擺架子，自高自大。

夫人聽了我的話，不再去想這些「複雜」的事情，結果呢，比她去琢磨要好得多！後來，被評為整個系統的模範，單位讓他們這些模範出去旅遊，我有幸作為家屬跟著去了。哈，除了兩個是單位的副總以外，其餘的基本上都是技術型的專業人士。我與這些「呆子」們在一起混了十幾天，覺得他們可愛極了；沒有酒桌上的客套應酬，沒有城府和心計，但是，看得出來，他們的收入都不低，他們活得都很自在！

踏踏實實的做自己喜歡做的事情，看似與世無爭，窩窩囊囊，其實，該得的也都得到了，而且還自由自在，神采飛揚！相反，如果把自己的心思放在類似如何討好別人、如何搞好人際關係方面，那麼，最後被邊緣化的終歸是你自己！因為，你的專業已經荒廢了，你隨時可以被替代！

朋友林夕曾經講過這樣一個故事：

美國是一個十分注重效率和功利的國家，你要對美國的社會經濟發展有益，美國才會接納你。

在美國拿綠卡，只有兩種人可以：一種是來美國投資或消費；還有一種人，就是有技術專長。這位商界朋友前不久回國，給我講了一個他在美國移民局親眼目睹的事，使我更深刻地理解了美國。

他在美國移民局申請綠卡的時候，曾經看到一位皮膚被曬成古銅色、樣子很土的婦女。從她的皮膚來看，可以斷定是一位戶外工作者。出於好奇，他上前和她搭訕。一問才知道，她來自中國北方的農村，因為女兒在美國，才申請來美。她只讀完小學，國語都表達的不是很好。

但就是這樣一位英語只會說「你好」、「再見」的中國農村婦女，也在申請綠卡。她申報的理由是有「技術專長」。移民官看了她的申請表，問她：「妳會什麼？」她回答說：「我會剪紙畫。」說著，她從包包裏拿出一把剪刀，輕巧地在一張彩色亮紙上飛舞，不到三分鐘，就剪出一群栩栩如生的各種動物圖案。

美國移民官瞪大眼睛，像看變戲法似的看著這些美麗的剪紙畫，豎起拇指，連聲讚嘆。這時，她從包包裏拿出一張報紙，說：「這是中國《農民日報》刊登的我的剪紙畫。」

美國移民官員一邊看，一邊連連點頭，說：「ＯＫ。」

她就這麼ＯＫ了。旁邊和她一起申請而被拒絕的人又羨慕又嫉妒，這就是美國。你可以不會管理，你可以不懂金融，你可以不會電腦，甚至你可以不會英語。但是，你不能什麼都不會！你必須要會一樣，你要竭盡全力把它做到最好。這樣，你就會永遠ＯＫ了！

注重效率與功利，並不是美國的專利，而是市場經濟的專利。投資移民也好，技術移民也好，能夠為社會做出貢獻的人，到哪裡都會受到歡迎。人活在世上，必須要有一技之長，哪怕是剪紙畫呢。

有人去看手相，對算命的說自己的命運不好，很苦惱。算命的看了他手中的「命運線」，然後讓他把手握起來，問他：「你的命運在哪裡？在你自己的手裏！你自己掌握著自己的命運，問別人做什麼？」

自由，獨立，自己掌握自己命運，不看他人臉色，不求他人賞識憐憫，所有的前提是：自己要有拿得出手的本領！

一代要比一代強

我們曾為人子女，今日又會為人父母，代代相傳的應該是什麼？應該是一種精神，一種努力向上的奮鬥精神，一種要上對得起前人、後無愧於來者的奮鬥精神，一種一代要比一代強的精神！

記得看過這樣一個故事：

一位父親訓斥調皮搗蛋的兒子：「你看你這個樣子，成績這麼差！你看人家小明，成績那麼好。給你講過那麼多偉人的故事，就是沒記住？人家華盛頓像你這麼大的時候……」

兒子辯說：「你就知道這樣說我。人家小明他爸爸是總經理、百萬富翁呢，人家華盛頓像你這麼大的時候早就當總統了。你呢？」

大家可以想像得出：這位父親要嘛啞口無言，要嘛就是惱羞成怒、拳腳相加了。

如何做一個好父親是一個很廣的話題，不同的人應該會有不同的體會，教育專家們也提出了許多建議。雖說沒有專門的父親訓練學校，但實際上我們每個人都會有一個鮮活的榜樣，那就是我們自己的父親。

我的女兒剛上小學的時間，給我這個父親出了不少難題。每一次我碰到困難時，我就會想起我的父親。其中，記憶最深刻的是這樣一件事：

那是我剛上高一的時候。我考上了省重點高中，進城讀書。這在我們那個小村莊是一件大事，因為進了這所赫赫有名的中學，就如同一條腿邁進了大學的校門。然而，就在我揹起簡陋的行囊進城後不到一個月，父親就請人把我叫了回來，因為我奶奶去世了，要我回來參加葬禮。在葬禮的空檔，父親與我有一次長談，這次談話的內容讓我終生難忘。

父親給我講述了奶奶的一生：那時候正是戰爭時期，爺爺與奶奶結婚後不久就去當兵，這一去便音信全無。奶奶一個人拉拔父親長大，極為艱難地供父親讀書，父親終究還是因為家貧而沒有能夠讀大學，只能勉為其難地讀完了師範。

我平時很怕當教師的父親，但那天我與父親感覺到前所未有的親近。我第一次看到父親的眼淚，第一次感覺到父輩們的艱辛，也第一次感覺到父親已把我當作一個大人來看待。

父親說：「我們大家一起努力，讓我們家的日子越過越好。一代要比一代強，只有這樣，一個家庭、一個民族、一個國家才會有希望。我會儘量給你創造比我當年要好的條件，你也要努力超過我，你書能念多高，我砸鍋賣鐵也供你多高，這是對你奶奶最好的紀念。」

一晃三十年過去了，但父親的這段話仍時時在耳邊響起。我們兄妹三人都讀書，父親的壓力可想而知，但他毫無怨言，兢兢業業地承擔著自己的責任，我們全家終於度過了那段最為艱難的日子，而更重要的是，父親同時也給我們這些孩子樹立了一個優秀父親的榜樣。

我們曾為人子女，今日又會為人父母，代代相傳的應該是什麼？

應該是一種精神，一種努力向上的奮鬥精神，一種要上對得起前人、後無愧於來者的奮鬥精神，一種一代要比一代強的精神！

這種精神如何傳承？不能像本文開頭所講的那位父親那樣，只要求兒子去奮鬥，去向優秀的人看齊，而自己卻不以身作則。這樣的父母在現實生活中有很多，他們認為自己沒有什麼希望了，就把希望寄託在下一代，成天要求孩子這個那個，就是不對自己提要求。

你可以要求孩子向許多優秀的人學習，但是別忘了：孩子最重要的學習榜樣就是你自己！你如果放棄了奮鬥，那麼無論你如何要求孩子，他也難以超越你的高度。

一位酒癮很大的父親，在一個下雪天，翻遍了家中所有的地方也找不到一滴酒了，只好頂風冒雪去村口的酒館。走了一段路，他聽見身後有聲音，回頭一看，自己九歲的兒子正跟在自己的身後。

兒子見父親發現了自己，興奮地喊道：「爸爸，你看，我正踩著你的腳印走呢！」

父親此時愣住了。過了許久，他下定了決心，轉過身，牽著自己兒子的手向家裏走去。此後，他再也不喝酒了。

確實如此，孩子就在我們的身後，他們正踩著我們的腳印前進。問題是，我們要把他們引向何方？

詹姆斯・伍茲為金球獎和金像獎得獎演員，他曾經這樣回憶自己的父親：

我的父親戎馬一生。他的童年正好遇上大蕭條時期，母親也是一樣。因此，他們很注意讓自己的孩子得到他們自己在童年渴望但又無法得到的東西。

我在八歲那年，著了魔似的渴望在過聖誕節時，能有一台收音機作為聖誕禮物。我心裏明白父親的薪水十分微薄，他沒有多餘的錢替我買收音機。但父親在軍需處的一個供應社謀得了一份兼職。那年聖誕節前，他每天在午餐時間做一小時的工作，每小時一美元，一連做了二十五天。他不顧自尊，為他的下屬服務，而這一切只是為了替我買那台收音機。

一年後，父親要做心臟手術，輸血的血型配得不夠好，結果產生了排斥反應。在最後的五天裏，他意識到自己將不久於人世了。他去世的那一天打電話給我那當時才三歲的弟弟，對他說自己已經將去世了，要去天堂了。他說：「上帝讓我打電話給你，跟你說聲再見。你不要害怕，也不要難過，因為我很好，我是想讓你知道我很想念你。」

他給我寫了封信。他在信中對我說，他為我在學校裏的成績感到驕傲。他說他希望我有一天能上麻省理工學院—後來我果真上了麻省理工學院。他還對我說，他相信我無論做什麼事，只要盡力肯定會成功的。

在我參加學校為七年級和八年級優等生舉行的頒獎午餐會的那天，母親把父親這封最後的信交給了我，那真是我終身難忘的一天。我當時並沒有意識到父親是在多麼艱難的時刻寫的這封信，當時他明白自己的時間不多了。他在母親懷中離開人世時，對母親說的最後一句話是：「要讓伍茲高高興興地參加完學校的頒獎午餐會，等午餐會後再告訴他我的事。」

母親和父親只為一件事真正爭吵過，這事涉及到金錢。父親是想要為我們已經抵押出去的房子買份保險。他對母親說：「這筆投資是省不得的。要是我有什麼不測，你和孩子們還能保住這房子。」

「我們沒錢買這保險。」母親說。

六個月後，父親去世了。母親心想，這下我們要被掃地出門了。但在三星期後，保險公司的理賠員帶來了一張支票，那筆錢正好是我們所欠的房屋貸款。父親在去世前自己設法偷偷省著錢，買了抵押保險，一直在繳付保險費。現在他安靜地躺在墓地裏，卻還在關懷和照料著我們。

詹姆斯・伍茲的父親是一位偉大的父親。這樣的父親，不但會為孩子撐起一片安全的天空，更會為孩子築起一座精神的殿堂！

也許我們都難以再有多麼大的成就，但我們仍然可以用一種向上的精神去工作生活，做到今天比昨天強、明天比今天好。只有這樣，你才有資格去要求孩子；只有這樣，你的孩子才會努力奮鬥！

我們的宗旨應該是：大家一起奮鬥，一代要比一代強！

要錢做什麼？

他們不知道要錢做什麼，也不知道自己到底需要多少錢，反正就是想盡辦法地去撈去貪。他們冒最大的風險去賺那些最不需要的錢，用前途、榮譽和性命去玩一個數字遊戲：銀行存款的數字在增長又不敢花，又不敢讓人知道，不是在證明自己的成功，而是留著最後給自己做定罪的證據。

要錢做什麼？

這個問題夠傻吧？冷不丁問這麼個問題，會讓大多數人覺得不可思議：這還用問嗎？買房、買車、吃飯穿衣、旅遊、供孩子上學、贍養父母……。

那麼，多少錢夠用？

這好像也是個傻得不能再傻的問題：當然是越多越好啊！

再下來，還有一個問題：多出來的錢怎麼辦？

這時候，要嘛有人不理你，要嘛有人跟你要：你沒事吧，你！你花不了給我，我幫你花！

相信很多人沒有問過這樣的問題，也沒有回答過這樣的問題。因為他們覺得自己是聰明人，忙著賺錢還來不及呢，哪有時間思考這些傻瓜問題。

其實，這些都是很重要的問題。尤其是對已經解決了生存、生活問題，正大步邁進在通向小康、富裕或富豪的大路上的朋友們來說。不考慮這些問題，犯錯誤的機率是很大的。這絕不是危言聳聽，認真分析一下你就明白了。

要錢做什麼？我們要解決幾個層面的問題：生存、生活、責任、安全，最後是自我實現的成就感。

多少錢夠用？我們希望自己的錢越多越好，但實際上我們這一輩子需要的錢是有定數的。在中國大陸的一個普通城市，過一種中產階級的中等生活，一個人（以他為核心的家庭）一輩子的所需大概在二百多萬（人民幣，以下同）左右（按現在的物價水準）：房子三十至五十萬，車子三十至五十萬，孩子教育三十至五十萬，日常生活和養老保險等三十至五十萬。這些數字不是很科學，因為大陸地大物博，地區差異太大了，也許有人覺得這是個很小的數字，也許有人對其嗤之以鼻。我只是要提醒大家：我說的是平均水準的中產階級，當然也應按不同的城市和區域的差別做數字上相對的調整。如果把上述數字翻一番的話，就應該是小康和富裕的水準了。

這二百萬至四百萬如果分解到三十年中，即一個人從三十歲工作到六十歲，再假設兩口子都正常上班的情況下，那麼兩人的年收入加起來應該在七萬到十四萬左右，平均每人的月收入應該在二千五百元至五千元左右。這樣的收入水準，中國大陸的大多數老百姓是達不到的。但對一部分先富起來或正在富起來的人來說，可能就太簡單了。對於受過良好教育的年輕夫婦來講，是一個經過努力就可以實現的目標：不要急著發大財，找份不錯的工作，努力工作，你完全可以成為中國大陸中產階級的一員。

多餘的錢怎麼辦？如果在上述數字的基礎上再增加一百至二百萬，那麼在中國基本上就可以過一種較為奢侈的生活了，再多增加的錢，基本上就是純粹為滿足成就感了。一千萬以後的錢就是社會的，即使你想給子孫留下，對他們也不會有多大的好處，這點不用贅述。

我們接著將話題深入：在賺第一個一百萬的時候，我們是很迫切的，因為它基本上是生活所必需；而第二個一百萬給我們帶來的滿足感會明顯地弱於前者，再往後，新增加部分所帶來的滿足感仍會降低。經濟學上的邊際效益遞減規律在這裡也會起作用。也就是說，在金錢滿足了我們的基本需要後，新增加的「多餘」部分會給我們帶來越來越少的快樂。

如果給一個貧苦人一萬塊錢，他能高興一年；給你一萬，你可能只高興一個月；再換了你們老總，他會拿這錢請你吃頓飯，多這些錢對他來講意義確實不大。

好了，問題來了，為什麼有很多人要拚命去賺最後這部分沒用的錢？**最後這部分錢，帶來的滿足很小，也許投入反而要更大。真的是得不償失！**有這樣的人嗎？有，有很多，尤其是很多官員和富豪。你看那些落馬的風光人物，哪一個不是如此？錢對他們來講，早就是個數字意義了。但他們還是要冒著觸犯法律的危險去追求，值得嗎？

最不可以理解的是貪官，富豪還可以說是為了體現自己的價值，追求成就感，可是貪官們有了錢也不敢花呀。很多官員的名義收入也許達不到上面所說的數字，但他們的隱性福利在很大程度上已經彌補了金錢數字的不足，車、房、日常消費、旅遊、吃喝等許多方面已經佔足了便宜，老老實實當個公務員就絕對可以過著衣食無憂的中產階級的生活了。但他們不知道要錢做什麼，也不知道自己到底需要多少錢，反正就是想盡辦法地去撈去貪。他們冒最大的風險去賺那些最不需要的錢，用前途、榮譽和性命去玩一個數字遊戲：銀行存款的數字在增長，又不敢花，又不敢讓人知道，不是在證明自己的成功，而是留著最後給自己做定罪的證據。

其實，踏踏實實過幸福滿足的中產階級的日子，我們是完全有可能的，我們正常的物質慾望是可以得到從容滿足的，不要急，不要貪，幸福並不來自於那些多餘的錢。

最根本的錯誤

孩子是我們未來最大的財富，是我們最大的投資，而且，在我們做生意的時候，這次失敗了，下次再來，只要我們還有一口氣，總是會有機會的，可是對孩子的教育呢？錯過了一站，就有可能錯過了一生！豈能掉以輕心？

許許多多的父母認為今天的孩子是幸福的，比起自己當年簡直是天上人間，於是，動不動開口就說：「你們這一代條件這麼好，怎麼還不知足，一點都不懂事」。

果真如此嗎？你知道孩子是怎麼想的嗎？

有一位苦惱的父親曾找我訴苦。他說，自己對上高中的兒子非常不滿，兒子回到家幾乎與父母無話可說，吃完飯就進到自己的房間裏坐在電腦前，雖然學業成績不錯，可是整天悶悶不樂。有一天，他終於忍不住了，責問兒子：「你的條件這麼好，還有什麼不滿足、不開心的？我在你這個年齡的時候，什麼都遇上了：自然災害、上山下鄉、文化大革命，生活上、精神上什麼苦都吃過，我們也都熬了過來。你們這一代遇上這麼好的日子，為什麼還整天不高興、對父母也不理不睬呢？」

兒子這樣回答父親：「你們那一代，從小到大，一切都讓組織給安排好了，又不用自己操心，畢業給工作，單位給房子，生老病死樣樣有人管，大鍋飯的日子又好混，雖然物質生活水準低些，可是大家都一樣，社會風氣也好，又沒有大款、富翁對你的刺激，踏踏實實過日子就行了，有什麼壓力？我們呢？社會變化這麼快，競爭這麼激烈，現在找工作連碩士生都不吃香了，就是找到工作又能怎麼樣？一個月也賺不了幾個錢，可是你看，買房子、買汽車得花多少錢啊！一個上班族要賺多久時間的錢才能買得起？你們那時也不知道早點下海經商，咱們家現在什麼都沒有，將來我怎麼辦啊？你們還成天說我們這一代比你們幸福，真不知道我們的幸福在哪裡了？」

父親驚愕了半天，無語地離開了兒子的房間，他實在不知道該和孩子說些什麼了。

可以說，這對父子的感覺在今天是具有代表性的，絕大多數父母都認為：他們為孩子創造了好條件，孩子在享他們的福。父母用今天的進步與過去的落伍相比較，在時代上產生錯覺，以過去的感覺衡量現在的孩子，卻沒有看到孩子因為今天的快速發展變化，而對不可預知的未來所感到的巨大壓力。

如果單從物質生活水準方面來看，父母的這種感覺應該是有道理的，不時來段憶苦思甜的感覺也在情理之中。

今天的孩子確實比上一代受到了更多的關愛。他們還在娘胎中時，就開始成為家庭的中心：安胎、營養、胎教，落地後更是不得了，吃補品、穿名牌、玩智慧玩具，樣樣都是用大把的鈔票換回來的。學習更是頭等大事，除了費盡心機讓孩子上個好幼稚園、好學校，還要培養多才多藝的技能素質，音樂、舞蹈、書法、繪畫以及各種體育活動，沒有天分也要給你補出來，有點才氣豈敢給耽誤了？而且，現在的孩子不僅有爸爸媽媽的關愛，還有爺爺、奶奶、外公、外婆等，真可謂「萬眾一心」，大有眾星捧月之勢，對比自己當年，哪有這等待遇？難怪家長們都會這樣說：「如果當年我有你這樣條件，（哼！言外之意）那肯定不是現在這個樣子。你這孩子就這點出息，成績這麼差，簡直是浪費這麼多美好的東西。」

可是，這些父母卻沒有以發展的眼光，看待孩子們今天的現狀以及未來要面對的形勢，這樣做，勢必把自己侷限在一個錯誤的領域之內，以一種錯誤的前提和心態去面對孩子。事實上，今天的孩子是否真的比我們幸福呢？前面那位高中生對於父親的回答，已讓我們從另一角度得到了答案。

現在，物質文明的進步、科技的發達是不爭的事實。父母在精心為子女營造一個優越的小環境的同時，千萬不要以為你已經恩賜給了他們幸福，越來越多的新問題會呈現在他們眼前，他們將面臨前所未有的競爭壓力甚至於生存危機。同時，我們也必須清楚，我們的錯誤也必須由孩子們來給我們「買單」，我們也許已經透支了大量的本屬於子孫後代的財富。他們將不得不為了保護環境、爭奪資源、爭取生存空間而進行不懈的努力。從這種意義上，他們將面臨比我們這一代更加嚴峻的考驗。

我們是否想過：「孩子，對不起，把你帶到這樣一個世界上是不公平的。」整個人類的子孫註定要為父輩去還債，也許你們將不得不為了一口潔淨的空氣與清水而奮鬥。不要再告訴你的孩子他有多麼幸福，不要再去苛求他們，不要用你過去的物質生活標準來衡量他們，給孩子一些理解一點同情，他們的現在與未來都不容易，這是我們與孩子溝通和共處的前提。

另外的一個本質錯誤是我們沒有給予孩子足夠的尊重，很多時候都是從自己的主觀角度上出發去考慮問題。大家應該都知道「文君當壚滌器」的典故。據說當年才貌雙全的卓文君小姐慧眼相中司馬相如時，司馬相如還一文不名，卓老太爺自然不會點頭，卓文君只好與司馬相如私奔，開了一家酒坊，又賣酒又賣醋，這就是「美女當壚」的典故。堂堂富家小姐當壚賣酒，令卓老爺的臉面很不光彩。好在後來司馬相如以一篇《二都賦》名重神州，於是卓老爺高車名馬迎回了私自成婚的女兒女婿，算是撿回了面子。接不接女兒，承認不承認這個女婿，都是出於自己面子問題的考慮。卓老太爺是從來沒有想到過女兒是否幸福這個問題的。

中國人的臉部神經可以說是世界上所有民族中最為敏感的，從古到今，歷來如此，少有勇於進取、大膽創造以及不怕犯錯、不怕別人笑話的決心。面子心態同樣也充分表現在對待孩子的教育上，很多父母掛在嘴邊的名言就是：「你看你這個樣子，把我們大人的臉都丟光了。」「你做出這樣的事，我們以後還怎麼出去見人啊？」

這是一種很典型的自私，即：注意力不在孩子身上，而在自己的臉上；不是想著如何讓孩子從這件事情上汲取應有的教訓，承擔應有的責任，而是首先考慮自己以後如何見人。在此種心態的驅使下，在教育中屢屢會傷害孩子的自尊，並且造成負面的影響。

孩子聽到這些話的感覺如何呢？他們會認為你只在乎自己的面子而不管他們的感覺和困難，因此極其失望和難過。長此以往，孩子的行為會備受影響，他們學會看父母的臉色，按照父母的意願行事，也非常在意周圍的人怎麼看待自己，甚至會一味地去逢迎別人而失去自己的主見和個性。另一方面，他們也可能產生逆反心理，不但不會自責，反而會變本加厲。其實，一個孩子在成長過程中不可能不犯錯。當孩子犯了錯誤時，本來是教育孩子的一個好機會，應該幫助孩子分析所犯錯誤的原因，鼓勵孩子走出困境，吃一塹後長一智，並學會承擔責任。也只有如此，孩子才能不斷的進步。

我們來看一個發生在美國的故事。

在美國，曾經有一位十二歲的小男孩在玩球時不小心打破了鄰居家的玻璃。鄰居要他賠償十二·五美元。在當時這是一個不小的金額，何況是對一個小孩子。小男孩回家向父親要錢，父親說：「你犯了錯誤，你應該從中接受教訓並承擔責任。這十二．五美元我可以先借給你，但你必須還我。」

小男孩雖然委屈，但還是答應了下來。此後，他放學後就去打零工，割過草坪、送過報紙等等，半年後，他才把這筆錢還給了父親。

後來，他當選為美國總統後，在白宮裏還對記者說出這件事。他說：「父親透過這件事情讓我知道了什麼是責任。」他的名字叫羅納德•雷根，不同的父母會教育出不同的孩子，要想讓孩子有出息，那麼自己就先必須學習教育的藝術。雷根父親的這種作法雖不一定符合我們的國情，但總可以給我們一些有益的啟示吧。

我們經過長時間的打拚，也許已經有了一個很好的物質平台。在這個平台上，如何把我們的孩子教育好，確實有許多新的難題。筆者之所以一直關注和探討許多教育領域的問題，是因為這個問題非常重要而又有許多的朋友解決不好。

孩子是我們未來最大的財富，是我們最大的投資，而且，在我們做生意的時候，這次失敗了，下次再來，只要我們還有一口氣，總是會有機會的，可是對孩子的教育呢？錯過了一站，就有可能錯過了一生！豈能掉以輕心？

小利與大義

一個沒有尊嚴的人，可以擁有生命，擁有健康，擁有財富，甚至可以用某些手段獲得一定的地位，但他永遠不會贏得尊重。

一個人如果擁有了尊嚴，那麼由此激發的力量，可以去為他自己贏得一切，包括財富、地位等等。

有了尊嚴，我們可以堂而皇之地擁有一切；失去了尊嚴，即使我們暫時地擁有了什麼，也不可能長久地保有。

近幾年來，中日關係不斷地降溫，日本朝野的許多言行讓當年受日本侵略的國家的人民憤慨。

是否抵制日貨，我與周圍的朋友爭論過很多次。

反對抵制的意見是：你們太狹隘了！現在都是全球化的時代了，你們還要逆歷史潮流而動；況且，抵制日貨我們自己損失也很大，我們的外貿依存度很大，我們的就業很緊張，我們的……。

我的意見是：

一、經濟利益不能和民族尊嚴、正義公理混為一談，這是兩個層面的事情。

二、日本當年入侵東南亞許多國家，打的旗號就是要建立什麼「大東亞共榮圈」啊！如果再多給你點錢，你還可以不在乎什麼？

三、經貿活動的前提就是雙方互惠互利，我們從中得到了好處，那人家就沒有好處嗎？有一種觀點認為，日本之所以能從長達十多年的經濟衰退中緩過起來，不就是我們的需求拉動的嗎？

四、我們自己每個人都要爭氣，有尊嚴地活著，這樣才能建立起民族的尊嚴！

一個人最大的財富是尊嚴，人要有尊嚴地活著！

一個民族最大的財富也是尊嚴，要想屹立於世界民族之林，就必須要有自己的尊嚴！

法國著名的將軍狄龍在他的回憶錄中講過這樣一件事。一戰期間的一次惡戰，他帶領第八十步兵團進攻一個城堡，遭到了敵人堅強抵抗，步兵團被對方火力壓制住無法前進。狄龍情急之下大聲的對他的部下說：「誰要是能夠設法炸毀城堡，誰就能得到一千法郎。」他以為士兵們肯定會前仆後繼，但是沒有一位士兵衝向城堡。狄龍大聲責罵部下懦弱，有辱法蘭西國家的軍威。

一位軍士長聽完之後，大聲對將軍狄龍說：「長官，要是您不提懸賞的事，全體士兵都會奮勇衝鋒。」

狄龍聽完，轉發另一個指令：「全體士兵們，為了法蘭西，前進！」整個步兵團從掩體裏衝出來，最後，全團一千一百九十四名士兵只有九十人生還。

這個故事是戰場上一個人的生死與尊嚴，我們再來看一個生活中的小故事：

一個乞丐來到一家庭院，向女主人乞討。這個乞丐很可憐，他的右手臂沒有了，空空的袖子晃蕩著，讓人看了很難過。可是女主人毫不客氣地指著門前一堆磚塊對乞丐說：「你幫我把這堆磚塊搬到屋後去吧。」

乞丐生氣地說：「我只有一隻手，妳還忍心叫我搬磚塊。不願給就不要給，何必捉弄人呢？」

女主人聽完後並不生氣，俯身便搬起磚塊來。她故意只用一隻手搬了一趟說：「你看，並不是非要兩隻手才能幹活。我能做，你為什麼不能做呢？」

乞丐愣住了，他用異樣的眼光看著女主人，過了好一會兒，終於他俯下身子，用唯一的一隻手搬起磚塊來，一次只能搬兩塊。兩個小時過後，他把磚塊搬完了，氣喘吁吁地一屁股坐在地上。

女主人給了乞丐二十元。乞丐接過錢，很感激地說：「謝謝妳。」

女主人說：「你不用謝我，這是你憑著自己的力氣賺取的工錢。」

乞丐說：「我不會忘記妳的。」說完他便深深地鞠了躬，就上路了。

此後還來過幾個乞丐，那堆磚塊也就在屋前屋後來回了幾趟。當然也有些乞丐一聽女主人的要求，就生氣地走開了。

家裏的孩子疑惑地問母親：「妳叫乞丐把磚塊從屋前搬到屋後，又從屋後搬到屋前，妳到底想把磚塊放在什麼地方？」

母親對孩子說：「磚塊放在哪裡都一樣，但是搬不搬對乞丐來說可就不一樣了。」

據說若干年後，那個曾經在這裡搬過磚塊的獨臂乞丐又來到了這家院子，他如今已經是一個很體面的富翁了，他來是要感謝女主人當年對他的幫助。女主人拒絕了他的金錢，並且說：「這是你自己做出來的。如果你一定想做些什麼，那就去幫助那些連一隻手都沒有的人吧。」

人，需要尊嚴！

一個沒有尊嚴的人，可以擁有生命，擁有健康，擁有財富，甚至可以用某些手段獲得一定的地位，但他永遠不會贏得尊重。

一個人如果擁有了尊嚴，那麼由此激發的力量，可以去為他自己贏得一切，包括財富、地位等等。

有了尊嚴，我們可以堂而皇之地擁有一切；失去了尊嚴，即使我們暫時地擁有了什麼，也不可能長久地保有。

有些人不顧人格尊嚴地去佔些小便宜，還自我解嘲說：「人窮志短嘛，等我們富起來就不會這樣了。」

幾年前，一位從日本留學回來的朋友對我說：「日本人骨子裏很瞧不起華人，儘管他在面子上對你很客氣。這有日本人心胸狹窄的一面，也有華人自己不爭氣的原因。」在日本東京，華人居住集中的地方秩序最混亂，最難管理，很多黑社會組織、偷搶等，都有華人的份。他說給他刺激最深的是一次在一位華人房間裏聊天，來了個日本人來收有線電視費。這位華人說：「我沒有電視。」日本人明明可以看見屋子裏擺著的電視，但他還是連連彎腰說：「對不起，打擾了。」然後退了出去。

無獨有偶，另一位去奧地利留學的朋友歸國時也說過類似的情況，只不過電視換成了報紙。

在維也納的街頭，到處都是無人售報攤，許多華人覺得有便宜可佔，便經常拿了報紙不給錢。久而久之，當地人便撤去了華人居住區的這些報攤。他苦笑著說：「這比打人的耳光還難受，我們是窮，可是也不能這樣啊！」

人窮志短，許多人都有這樣的想法，在不顧尊嚴體面去佔些小便宜時也常這樣自我解嘲。他們認為──窮是原因，志短才是結果，也是可以被原諒的。

錯啦！我的朋友，我的同胞！

你知道這種想法、這種小便宜會讓我們付出多大的代價嗎？會給你致富、進入上流社會帶來多少困難嗎？

你的這些苟且行為會給主流社會留下什麼樣的印象，他們會輕易的給你機會，會輕易的接納你嗎？

惡性循環，你的「志短」必定使你再窮下去，再落後下去！

每個人做事都追求效率，追求低投入高產出，一個單位、一個社會也是如此。而整個社會的高效率來自於健全的秩序、公平的交易原則、完善的運作體系等，這樣整個社會的管理成本、交易成本才有可能降低，整個系統得以高效地運轉，那麼相對地也就提高了個人作為個體的效率。

如果我們放任自己去佔些小便宜，不去遵守這些遊戲規則，就會拖累整個機制的運轉效率，損壞這種公平與信任，並且也給自己設定起種種障礙，自己的效率也低下來。因為政府必然要用大量的人力物力去限制、防止、制約各種「志短」行為，增加的每一個環節，都意味著個人與社會的效率降低。

再比如說，美國紐約的地鐵無人驗票，是因為大家都自動地在入口處讓電腦查票，又方便又快捷。如果逃票的人多了，那麼就得重新增加檢票員，仔細檢查你的票，你也不方便，政府又增加不必要的開支。

再如收有線電視費，如果「志短」的人多了，那要嘛是大家都不要看，要嘛是增加收費人員，仔細檢查收費；無人售報也是一樣，要嘛取消，要嘛派人來售報。

類似的例子太多了。因為有這種想法的人很多，那麼就出現這樣一種情況：你想佔點小便宜而損害他人的利益，他也窮也「志短」一回，又損害別人，最後就是誰也別想先進，誰也別想有面子。政府和社會不得不增加大量的營運成本，防賊似的盯住每個人。要知道，政府花的也是你的錢，有線公司也好，報社也好，地鐵公司也好，成本的增加還是會轉嫁到你的頭上來。

是否可以這麼說，人窮可能志短，但志短必定使你貧窮。為了自己，我們要有一點志氣和尊嚴！

再講一個笑話：

甲對乙說：我有錢，你為什麼不尊重我呢？

乙說：你有錢是你的事，和我有什麼關係，我為什麼要尊重你？

甲說：我把我的錢給你一半你該尊重我吧？

乙說：那我們倆才一般多啊！

甲說：那我都給了你呢？你總該尊重我了吧？

乙說：那時候我成了有錢人，你是窮光蛋，應該你尊重我啊！

確實如此，用錢是買不到尊重的。

德國總理為自己先輩罪行莊嚴的一跪，德國政府對受難猶太人數十年如一日直至其去世的關懷，這些為他們贏得了尊重！

窮人，也可以贏得尊重，只要你動手，用自己的力氣去搬那塊磚！

我們每個人都贏得尊重，那麼，我們的政府也就有了更多的尊嚴！

銀行之外的選擇

首先，長期來看，物價上漲的幅度完全可以抵消你從銀行得到的利息收入，你的錢在銀行並沒有增值；其次，你的錢在銀行也沒有閒置著，別人把它從銀行借走作為資本去賺錢去了；再者，在上文我們說過了，銀行本身也有風險。

有一家大型企業，負債很多，債務的利息額外負擔很重，它的投資報酬率是固定的，只比債務利息高出約二個百分點，而且它所投資的失敗率很高，可能在二〇％以上。但是，這家企業的銷售點租用的都是最好的辦公大樓，自己蓋的辦公大樓也很氣派，員工的薪水在同行也是比較高的。

上述條件不變的話，這家企業向你融資，你會把自己的錢交給它去經營嗎？

我想，很多人明智的選擇是：ＮＯ。

可是，我說的這家企業是銀行。沒錯，是我們身邊的ＸＸ銀行。

我們來逐條對應一下：

一、銀行的負債是很高的，我們的存款就是銀行的負債。這些「債務」每年的利息是多少？

二、銀行公布的呆壞帳率是多高？要知道，銀行的主要收入就是存、貸款間的利差，多少利差才能彌補上一筆收不回來的貸款？而且，這邊發著貸款，那邊可能又被變成存款送回來了，收益不增加，負債卻增加。

三、任何一家企業都應該遵循這樣一個道理：經營得好，大家吃香的喝辣的；經營得不好，大家勒緊褲腰帶過日子。可是，銀行員工的收入水準絕對在社會平均水準之上，各地銀行的辦公大樓都是指標性建築之一。也就是說，薪水、待遇、辦公條件和華爾街接軌，但經營另說。

不賺錢，還高消費，這樣的企業憑什麼要信任它，還把錢交給它去經營？

老百姓的想法是：

它是銀行啊！它的背後是國家，是政府！沒聽說過哪家銀行會破產給不了老百姓錢的，此其一；把錢放那裡有利息，儘管不多，但每次去都拿得到，雖然它有貸款收不回來，可是想把錢取回來，還是有保證的，此其二；不把錢存銀行，幹嘛？投資點別的又沒時間、沒經驗、沒精力、沒關係，此其三；再說了，銀行不是在改革嘛。對，銀行是得改革，否則，真要到了國家開動印鈔機給它補窟窿的時候，大家的錢還會值錢嗎？現在這些銀行上市了，國家今天給甲輸入幾百億，明天給乙輸入幾百億。可是忽然間，又有報導說：這家銀行的一位辦事員貪污挪用了幾千萬，那家分行的經理帶了多少錢跑了。

老百姓不明白：那麼多錢怎麼就會輕易地讓一個辦事員給弄跑呢？看電視影片，搶個金庫還真不容易的，可是這些小家賊就防不住嗎？而且數字還那麼大！

記得某個訪談節目同時請了三位經濟學家做佳賓，主持人問他們：你們的錢是存銀行還是投資了？年紀最大的老人家說：「我的錢全部存在銀行。」中年人說：「我的錢一半存在銀行，一半投資了。」最年輕的說：「我沒有存銀行，我的錢全部用來投資。」

跟年齡有關，跟對未來的收入和經濟預期有關，跟傳統的文化和思維模式有關——

不只是老年人在存錢，幾乎所有的國人都喜歡把自己的錢存到銀行。用專業術語來說，就是華人的儲蓄傾向之高在全世界是出了名的。如果我沒有記錯的話，是世界第一。

為什麼要存錢？一是為了經濟安全，防範將來可能出現的風險；二是沒有很好的投資管道和方法，當然，最主要還是沒有明確的投資意識，習慣性地往銀行跑。

如果僅僅是出於經濟安全的考慮而存錢，雖不完全可取（對中年以下的人來說），但還有些道理的話，那麼對於後者，即習慣性的儲蓄者，筆者就不敢苟同了，可以說這是典型的窮人思維和惡性循環—因為窮，所以你這樣；因為這樣，所以你仍然窮，而很少有翻身的機會。

在現代社會，一般來說，沒有人和錢有仇，誰都想致富，都想達到經濟上的安全和自由。如果你也是這樣想的，那麼往銀行存錢就不是一個最好的選擇。道理很簡單：首先，長期來看，物價上漲的水平完全可以抵消你從銀行得到的利息收入，你的錢在銀行沒有增值；其次，你的錢在銀行沒有閒置著，別人把它從銀行借走作為資本去賺錢去了；再者，在上文我們說過了，銀行本身也是有風險的。

說來說去，我們還能相信誰？我們辛辛苦苦賺來的這點錢到底該怎麼辦？

對於一個成熟的中產階級（假設解決了衣、食、住、行後能有一百萬以上的資金）來說，應該對現有金融機構的潛在風險有一個較為清醒的認識，對自己的資產做出合理的安排。

首先，較為可靠的是房地產，可投入四〇%左右的比例。當然，你不要在人家把房價炒到最高時接最後一棒。基本上說，不動產還是具有較高的安全系數。你自己居住一間，可以在容易出租的地段再投資一間，以房租還貸款。說句玩笑話，如果你百年之後，即使孩子沒有多大出息，那麼這兩間房屋也足以給他一個最低生活的保證了。

其次，可以將一小部分，如二〇%左右比例的資金存入銀行，作為機動之用，這是相對安全的措施。

第三，再剩下的四〇%，就最好由自己掌握了，由自己進行投資。激進型的可以考慮期貨、股票，保守型的可選擇基金、國債。對於非專業人士來說，我不看好他們對藝術品的投資，原因不需多說：「假的太多。」另外，如有條件，可以買些具有傳世價值的珠寶首飾名錶之類的東西，黃金、郵票也在考慮之列。

作為薪水階層，我們存入銀行的錢多半是從薪水裏省下來的。簡單和節省的生活是正確的，那麼接下來，我們還應該認識到，要達到經濟自由的狀態，我們就不能賺固定數字的錢，就必須不僅僅是從老闆手中接過自己創造的「剩餘價值」的一小部分，而是要賺取別人創造的「剩餘價值」。

那麼，要想富，唯一的道路就是自己當老闆！

當老闆？要自己租房子、雇人、辦營業執照多麻煩啊！再說，我們手裏的這點錢，做什麼事業呀？根本不可能啊！

這種理解只是狹義上理解的老闆，廣義上的老闆可以這樣理解：自己為自己做，不受別人的「剝削」，甚至還可以「剝削」別人，承擔風險，也享受利潤——所有投資者即可視為「老闆」。

因循守舊的人（一味地去銀行存錢的人）只會沿著自己習慣的軌道生存工作。在他們的眼界中，新鮮事物與他們的生活沒有關係，那都是別人的事情，他們被動地承受著各種變化對其造成的影響，而無論這種影響是好是壞。

另一種人則善於學習新的東西和發現新的機會，會充分利用各種條件為自己謀取福利，他們會學習一些新的理財觀念，不僅僅依靠出賣勞動力賺錢。他們會運用智慧，把現有的每一塊錢都看成是自己的員工，有效地經營管理它們，讓它們給自己帶來更多的收益。投資當然會有風險，需要我們不斷地學習相關知識和承擔必要的風險。如果不是這樣，何以有賺大錢的希望？而且，我們也可以像那位中年經濟學家一樣：一半儲蓄，一半投資，即使投資有損失，也不至於對生活有太大的影響。

投資當老闆並沒有你想像的那樣困難，你完全可以和自己的日常工作生活緊密聯繫起來，小中見大，把常見的因素加以分析利用。其實你所熟悉的領域、行業的變化每天都在發生，只不過你永遠認為自己只是一個消費者、打工者、旁觀者，而不去從一些新的角度去思考去行動而已。

我不是全面否定銀行，我只是想要告訴大家，銀行也是一種有風險的企業，改革也是一個漫長的充滿風險和機會的過程。最重要的是，我們應該有一個積極的關於財富的態度和熱情，不要把自己全部的雞蛋放在一個目前看並不十分結實的籃子裏。

自己去投資當然會有風險，但問題是，不投資也有風險，相對於生活水準的提

高，貨幣本身就會有一個自然貶值的過程。你不積極去經營投資，貨幣本身絕對不會增值，只有自然的損耗。隨著你投資水平的提高，你也可以降低風險。

二十多年前，有一對東北某城市的老夫婦退休，他們是我的親戚。當時他們有近五萬元（人民幣，以下同）的儲蓄，心裏覺得很踏實，可以養老了。二十多年後的今天，他們在銀行的五萬元雖然也有一定的利息收入，退休工資調整了幾次，可是現在心裏發毛：以現在的物價水準來看，幾萬塊錢還能提供什麼樣的保證呢？

這就是錢的自然貶值。

而如果當初用這些錢在他們所在的城市投資房地產的話，收益是很可觀的。總體來講，因為土地資源的稀缺，房地產應該是一個自然升值的過程。

具體到每個人，每個地方，情況千差萬別，但我們應該有這樣一個意識：把錢存入銀行也是有風險的；有可能的話，可以多些考慮和選擇。

「馬棚裏什麼工作最難？」

曲直不相容而相斥，所以用人之道貴在慎始，在開始的時候就必須慎重選擇。開始時用了君子，小人就難以進入；開始時用了小人，則君子就會被擋在門外。

齊桓公是中國歷史上的「春秋五霸」之一，他的霸業很大程度上得力於相國管仲。有一次，齊桓公偶然來到了馬棚裏檢視，順便問馬棚裏的官員說：「馬棚裏什麼工作最難？」

馬棚裏的官員還沒回答，相國管仲便回答說：「我曾經做過馬夫，知道編排供馬站立的棚欄最難：先用彎曲的木料編排，以後就都要求用彎曲木料，彎曲木料都編上了，筆直的木料就用不上了；先用直木的料編排，以後就都要求用直木料，直木料都編上了，彎曲木料也就用不上了。」

齊桓公連連稱讚，知道相國是在借題發揮，告訴他用人之道：曲直不相容而相斥，所以用人之道貴在慎始，在開始的時候就必須慎重選擇。開始時用了君子，小人就難以進入；開始時用了小人，則君子就會被擋在門外。

其實，從這個故事還可以引申到管理學中一個著名定律——「劣幣驅逐良幣（格雷欣法則）」：有些經濟學常識的人都知道，在很長的一個歷史時期，人們在市場交易活動中使用的貨幣不是我們今天大量使用的紙幣，而是用金屬鑄造的鑄幣——類似我們今天的硬幣。但不同的是，今天的硬幣只是作為輔幣使用，而在當時，有錢人出門則要帶上一袋沉重的貨幣——金幣或銀幣，這是財富的象徵和基本含義。

與今天紙幣不同的是，當時的鑄幣本身即有價值——其所採用的金屬的價值，其面值的基礎就是其重量和成色。隨之而來的有兩個問題：一是在鑄造的時候，不能保證每一枚貨幣都有一樣的成色和重量；二是在長久的使用和流通中，有一定的磨損而導致重量的下降。換句話說，同樣面值的貨幣，其實際價值會有差別。

那麼，每個人都想著把「好」的錢（良幣）留在自己手裏，把「差」的錢（劣幣）花出去。時間長了，市場上流通的就都是「差」的錢。

十六世紀時，一位英國經濟學家葛拉森爵士(Sir Thomas Gresham)注意到了這個現象，將其總結為劣幣驅逐良幣，後人也稱為格雷欣法則。

劣幣驅逐良幣的本質是一種「逆淘汰」現象，是背離「優勝劣汰」的競爭法則的，其根本原因在於訊息不對稱和博弈不充分，如果交易雙方對貨幣的品質都十分瞭解和博弈是反覆充分的，「劣幣」就很難使用出去。

獲得二〇〇一年諾貝爾經濟學獎的美國加州大學經濟學教授喬治・阿克洛夫，是訊息不對稱理論的開創者。他的論文題目就叫《「檸檬」市場》，在英文中，「檸檬」這個單字被用來特指那些品質低劣的產品。該文曾經因為被認為「膚淺」，先後遭到三家權威的經濟學刊物拒絕。幾經周折，這篇論文才得以在哈佛大學的《經濟學季刊》上發表，立刻引起巨大回響。

阿克洛夫透過一個簡單的二手車市場模型，來表述了訊息不對稱原理。在二手車市場上，舊車的品質很難經由外表直接地判定，賣主對自己車的品質瞭解得很清楚，而買主則只能得到一點表面的訊息。在這種情況下，買方多半會根據一個市場的平均價格來決定自己的出價，假設這個價格為二十萬元。

那麼，賣方會怎麼做呢？

很明顯，價格在二十萬元以上的「好車」的主人，將不願意在這個市場上出售他的車。這樣一來，進入惡性循環狀態，當買車的人發現有很多的車結束市場後，他們就會判斷剩下的都是中等品質以下的車。於是，買方的出價就會降到十五萬元，車主對此的反應是再次將品質高於十五萬元的車結束市場。依此類推，市場上的「好車」數量將越來越少，最終導致這個二手車市場的瓦解。在這裡，人們通常所做的是「逆向選擇」，它出現的原因就在於訊息不對稱。

相比較而言，編棚欄的工作雖然是馬棚裏最難的工作，但總體來說還是個簡單勞動：你只要知道了這個道理，注意選擇木料和開好頭就行了，因為每根木料你都可以很直接地辨別曲直。而在用人時就不這麼簡單了。

在實際生活中，訊息不對稱現象是永遠存在，因為取得訊息是有成本的。如果每次交易都要掌握完全充分的訊息，即使在理論上可行，事實上也是行不通的，很簡單，成本高昂得讓你無法接受。你想買輛汽車，難道要先花幾年的時間成為汽車專家嗎？

買房子呢？

這些高價商品尚且如此，更何況那些小商品呢？

買的沒有賣的精，說的就是這個道理。

作為買方來說，承擔一定的風險是必要的成本之一。但作為賣方，最有效地為買主傳遞真實訊息則是永恆的課題。知名品牌效應就是有效手段之一。

我們來看另一個經濟學家的模型。

眾所周知，在人才市場上也存在著訊息不對稱的問題，應徵者往往比僱主更清楚地知道自己的能力。設想市場上有兩種應徵者——高能力者和低能力者。二者都積極地向僱主傳遞自己能力很高的訊息，尤其是低能力者要想方設法把自己偽裝成一個高能力者。這時候，教育程度就成為一種可信的傳遞訊號的工具。那些上過知名大學的人一般要比一般學校的學生更聰明更勤奮，也更專注且更有自制力。當然，高學歷也不一定就意味著高能力，知名大學有時候也會出現一些能力及知識較差的學生，但是在沒有更好的選擇的情況下，僱主們只能相信學歷所傳遞的訊號。

訊號傳遞的模型是哈佛大學教授邁克爾・史賓塞提出的，他因此與阿克洛夫同獲二〇〇一年度的諾貝爾經濟學獎。

當史賓塞在哈佛大學讀博士的時候，他觀察到一個很有意思的現象：很多ＭＢＡ的學生在進入哈佛之前都很普通，但經過幾年哈佛的教育再出去，就能比教授多賺幾倍甚至幾十倍的錢。這使人禁不住要問為什麼，哈佛的教育難道真有這麼厲害嗎？史賓塞研究的結果是：教育不僅僅具有生產性，更重要的是教育具有訊號傳遞的作用。

這就是知名品牌的作用。知名大學或明星企業也可能出現次級品，但這樣的機率相對來說要低得多。而且，一個知名品牌的建立，是其多年有效訊息費用累計的結果，沒有人願意輕易地毀掉自己的信譽，所以，即使出現了問題，解決的成本也相對地要低。

再進一步來說，人才這種特殊商品的優劣鑑定則要複雜得多，這也是古今中外所有用人者的一個難題。這個難度表現在三個方面：

首先，人是一個複雜的綜合體，建立一套相對客觀公正的評價系統很困難。一般來說，品德和才華是最重要的兩個方面。有德無才，只是老好人一個，無法勝任工作，創造效益；有才無德，可用而不可放心，說不定他會做出什麼樣的事來，他的才華不用到正路上怎麼辦？德才兼備為最理想之人才，才華有一套客觀的評判標準，如業績等等，但品德的評判則是困難得多，而且需要較長的時間才能做出比較公正的評價。

其次，人是善於偽裝和變化的。在不同的環境中，人有「變色」的本能，一是出於保護自己、融入團體的需要；二是環境對其潛移默化的影響，所謂：「近朱者赤近墨者黑」也；再者，人有惰性，剛開始積極敬業，時間長了，就會有些懈怠，良幣用的時間長了也會磨損成劣幣，何況人乎？

還有，人是有感情的。明明知道他是「劣幣」——也許曾經是「良幣」，為公司做出過貢獻；也許最近狀態不太好；也許隨著公司業務的調整，他有些不適應；也許他是領導的關係；也許他與自己感情很好；也許自己不願意得罪人，在多種因素的影響下，驅逐一個「劣幣」是很困難的。

由於上述的難度，所以在人才領域，「劣幣驅逐良幣」的現象更普遍，也更讓人頭疼。

在一個企業創始之初（假設是產權清晰的健康企業），往往是積極向上的「良幣」在主持工作，發揮著主導的作用，也吸引著更多的「良幣」的加入——也就是編柵欄時先用上了直木料——會形成一段時間的良性循環。

經過一段時間後，企業發展到一定規模，此時大家的積極性會逐漸減弱，有休息的需要，也有惰性的抬頭——如同良幣使用過程中的磨損——那麼這時劣幣開始在良幣的隊伍中出現，或是原來的良幣變成了劣幣，或是加入的成員中出現了劣幣。

再繼續下去，高素質員工（良幣）的絕對量尤其是相對量下降——這一方面表現為對自己薪資心懷不滿的高素質員工另謀高就；另一方面也表現為企業對企業外高素質人力資源的吸納要求消極回應。這一般會導致企業低素質員工（劣幣）絕對量，尤其是相對量上升——考慮到一定量高素質員工留下的工作職位需有更多低素質員工填補時尤其如是。「格雷欣法則」開始啟動。

最後，由於企業效益下滑，這是員工素質下降的必然結果，使企業在薪資開支方面捉襟見肘，因而導致員工普遍性的薪資水準下降。由此導致員工薪資水準下降與企業效益下滑的惡性循環——劣幣大量驅逐良幣，「格雷欣法則」完全發揮作用。

如何走出上述問題並且有效地遏止「格雷欣法則」呢？

首先是管理者自己不能磨損成「劣幣」，也不能有任何的懈怠。如果自己以及創業元老累了，有變成「劣幣」的危險，則一定要及時把新的「良幣」提拔到領導職位上來，自己則可退居二線。

其次，對待「良幣」，一定要有足夠的吸引力，留住「良幣」，給予他們應有的待遇，和「劣幣」有明顯的區分；並且，在制度上給予足夠的保證。

再者，對待任何「劣幣」，要有足夠清醒的認識，即使不能及時將其清理出去，也一定要限制其發展，不能聽任其形成規模。

沒錢你還這麼跩？

法律是社會大眾行為的最低最後底限，道德是每個個體建立在法律之前的一道防線，而對自然和不可知（姑且稱之為「神」）的敬畏則是人類對自身的一種清醒認知，在此基礎上還可上升為悲天憫人的胸懷。

有人在火車站等車，忽然覺得有人在掏他的褲袋。他轉身一把抓住了那隻手，原來是個十來歲的孩子。他喝道：「沒錢！你掏什麼掏！」

小男孩掙脫了他的手，很生氣地回敬了一句：「沒錢你還這麼跩！」說完，小男孩消失在人群中，剩下這個「窮人」傻愣在原地，半天回不過神來。

朋友把這個故事當笑話講給我聽，笑過之後我心底揚起的卻是莫名的悲哀——這個社會到底是怎麼啦？這到底是誰對誰錯啊？

我與朋友合作，在二〇〇〇年的時候曾經主編出版過一套叢書「小中見大智慧文叢」：《虛掩的門—小故事中的大智慧》等四本，二〇〇四年又出版了後續的四本。我們創造了一種新的圖書形式：智慧故事＋精妙點評，這套書在市場上反映很好，後來的精華本連續獲全中國大陸優秀少兒圖書獎和中國圖書獎。但隨之而來的就是各種盜版和跟風抄襲之作，盜版是明火執仗的刑事犯罪，是地下的勾當，我們老百姓無能為力，但那些跟風抄襲的卻都是各個出版社堂而皇之的正式出版品啊，從封面、書名到內容，全部跟著你走，就是在陽光下從你的口袋裏掏錢嘛！

我曾經與其中的幾家交涉過。電話打到出版社，責任編輯說讓作者與我聯繫，隨後就有了這樣的對話：「喂，張先生嗎？」

我說：「是啊，您哪位？」

「我是XXX，聽說我的書抄了你的東西啦？多少字啊？按千字XX元標準該給你多少錢？」

我說：「年輕人，你抄了人家東西，還這個態度啊？你是不是應該先給我道歉啊？」

「書不都是抄來抄去的嘛！」

……

我無法再跟他談下去，掛了電話。法院見吧！

還有一次，一個號稱是做圖書策劃的人喝了酒跟我說：「只有在你們這些人眼裏書還是文化，還是貴夫人，在別人眼裏，早就是『陪唱、陪酒、陪舞』啦！一個賺錢的商業產品嘛。評價一個產品好壞的標準最簡單，那就是看能不能賺到錢。賺不到錢，能說你的書好嗎？」

我同樣不知道再跟他說些什麼，無言以對。

這個社會到底怎麼啦？徹底地物質化、金錢化啦？有錢的是「爺」（成功人士），沒錢的「沒有任何藉口」，就是「孫子」，沒錢你還踐！

中國大陸改革開放三十多年，對市場經濟和金錢經歷了一個重新認識的過程。由不敢談到羞於談再到肆無忌憚地談，在體制的轉軌過程中，舊的丟掉了，新的約束還沒有到位，一時間，泥沙俱下，魚龍混雜，名車洋房刺激著大家的眼球和神經。錢啊，我愛你，就像老鼠愛大米！而老鼠為了得到大米，是不擇手段的。什麼樣的過程不重要，是否有錢的結果才重要！

在某種程度上，起點的不公平，遊戲規則的不夠公正，導致了結果的扭曲繁榮，這種繁榮被放大後，引起了社會心態的不平衡和價值觀念的混亂。

在許多沒有富裕起來的人眼中，先富裕起來的人幾乎全部是「罪人」，對他們的成功，沒有尊重，只有嫉妒和仇恨！也難怪，逃漏稅，侵吞國有財產，利用權力尋租，霸佔公共資源搞壟斷企業等等問題確實大量存在。那麼，老百姓會想：你致富，不是像比爾・蓋茲那樣為社會創造了巨大的財富而取得的應有回報，你是搶走了原來屬於我的那一份！

先富起來的人呢？又有許多的驕橫和優越感，很少去幫助窮人和回饋社會，沒有足夠地承擔起應有的社會責任。

在這種雙方敵對心態的驅使下，如果走入「壞」的市場經濟，是很可怕的。

有媒體排出了中國富豪的慈善捐獻榜。捐款達一百萬者即可上榜，有人說太少了，有人說還有那麼多的大富豪不見蹤影，有人說中國的慈善通道不夠完善，先別說那麼多了，自己也力所能及的做點什麼吧！

建設一個長治久安的和諧社會，每個人都有義務和責任。

有專家說，現在的很多人處於「三無」的狀態：

一是無法。法律的缺失滯礙和執行不力，使大量的「惡」的傾向得不到有效的遏制。有人打過這樣的比方：法律應該是恢恢的天網，捕盡犯罪分子，而不能成為釣魚的魚竿，釣到你你認倒霉，釣不到你就逍遙法外。

二是無德（知）。尤其是傳統的道德教育被沖擊得面目全非，功利性教育大行其道，有才無德。目前，中國大陸的家長對教育的重視程度是前所未有的，但我們仔細分析，就可以看到：我們重視的是競爭性的實用教育，電腦、英語、理數等等，與升學就業直接掛鉤，而不能直接產生經濟效益的人文道德教育則被置之度外。

有學者統計過，中國舊社會幾千年的封建統治，貪官很多，可是正經通過科舉考試晉身仕途的官員大多數是清廉的，尤其是進士和狀元這一級的，因貪污犯罪的很少。那些傳統的道德教育對他們還是有很強的約束力的。

三是無神。沒有天堂地獄的概念，沒有對自然的敬畏，也就沒有了自我約束。

在中國大陸，狹義的「神」是一個迷信的概念。在西方許多發達國家，自然科學常識的普及程度要比我們高得多，但宗教卻很有市場，包括許多榮獲諾貝爾獎的科學家也是虔誠的教徒，這是一個很有趣的現象。這個問題是一個非常深刻的命題，有很多這方面的專著，我個人的水準是不敢在此信口開河的。

我只是想，先撇開宗教是否迷信不談，就宗教對世人的現實意義來看，還是有一定作用的：它讓人認識到自己的渺小，保持一份敬畏之心，鼓勵人們互相幫助，追求善良和博愛。對一個個體來說，這些自我約束和追求是有積極意義的。

上述的問題實際上是三個層面：法律是社會大眾行為的最低最後底限，道德是每個個體建立在法律之前的一道防線，而對自然和不可知（姑且稱之為「神」）的敬畏則是人類對自身的一種清醒認知，在此基礎上還可上升為悲天憫人的胸懷。

你個人無德也好，無神也好，但作為社會，法律總是我們堅強的防線。法律面前，有錢有權的人，也踸不起來。

沒有錢嗎？不要急，我們慢慢去賺，賺一份心安理得的錢。等到我們有錢的時候，哼！我們也不踸！

傾斜的大廈

在一個正常的市場上，有賠有賺是很正常的事情。決策是自己做出的，原先也怪不著別人，最多躲到無人之處，狂抽自己大嘴巴而已。可是，在這個股市上，大家賠了錢，卻總想去抽別人的大嘴巴；不是我等的心態不健康，而實在是這個市場不健康。

假設有這樣一個貿易市場：

它開業時紅火熱鬧，各方捧場，媒體宣傳，買賣雙方皆大歡喜，大家都有錢賺。如此這般，這個市場自然吸引了更多的商家入場，也有更多的買家紛至沓來。

可是好景不長，陸續有人發現自己上當受騙：有很多商家出售假冒偽劣產品，但找商家無法講理，找監管部門也沒有下文，只有自認倒霉，自己長個心眼，把損失看作學費，轉而去買別家的商品。

在這個過程中，原本老老實實做生意的商家也學壞了。他們發現違規行為並沒有受到嚴厲的處罰，違規的收益與成本相比，太具有誘惑力了，於是他們也開始效仿。各種利益集團在其間興風作浪，同時繼續開動宣傳機器。上面開始重視了，發了個文件。商家有所收斂，可是仔細一看，真要規範的話，動靜挺大的，牽扯到當地的稅收、就業、繁榮、政績等等，「我們已經大得不能死了」，他們叫囂著，又開始了更高明的違規遊戲。

有商家開始尋找新的市場，也有買家悲憤結束（儘管周圍並沒有更方便的市場），但也有新的面孔進入。後來，大家發現：買賣雙方都一片死寂。賺足了違規錢的一些大佬也已拿著錢遠走高飛。有理論家撰文討論：是否該將這個市場推倒重來？

這個市場已經倒了，倒在遊戲規則上；不打擊壞人，就是在傷害好人。所有的好人都想遠離這個是非之地了，壞人自己也玩不下去了。

在現實市場中，這樣的市場會很快倒閉的。消費者對假冒偽劣商品有一定的辨識能力，也可以找有關部門鑑定，進而可以找商家、廠商索賠，同類市場和商品的可替代性都很強；東家不好，我去西家；甲的產品被曝光，我就去買乙的。況且，一般來說，損失也不大。

可是，我想說的是—股票市場。

近年來，在各種場合和各類文章中，我幾乎永遠不提及股市。不是不能談、無話談，實在是不願意談；這是大家的傷心之地也！大陸數千萬股民，遍體鱗傷的不在少數。

是大家不會投資理財嗎？非也！

在一個正常的市場上，有賠有賺是很正常的事情。決策是自己做出的，原先也怪不著別人，最多躲到無人之處，狂抽自己大嘴巴而已。可是，在這個股市上，大家賠了錢，卻總想去抽別人的大嘴巴；不是我等的心態不健康，而實在是這個市場不健康。

諸君請看，在股市上，假訊息、假交易、假的技術圖形等等到處都是，當你發現自己上當受騙後，欲哭無淚，欲訴無門，而且，金額還很大！這時候，就有人告訴你了：「別著急，還有機會，下一波行情馬上就來了，哪只哪只股票有戲；馬上就要出利了。」

其實，對老百姓來說，最大的、最根本的利好就是打擊壞人，不做假帳！除此之外，其他措施無異於揚湯止沸！

《證券市場週刊》的同仁張越有段話很經典，大概意思如下：「股市還不如賭場。」賭場如果出老千使詐，還會被砍手指剁手掌。而我們的上市公司如果出「老千」，只需道個歉就可以拍拍屁股走人了。

一個大廈在討論中已然快坍塌了，要想重建，就需要重新打好它的基礎。對各種問題的迴避和拖延不是解決之道，要保護投資者的利益，就是要讓違規騙人者付出慘痛的代價！

說到此，我們不妨看看新加坡的一種刑罰。

新加坡是一個現代文明國家，可是它卻有一項古老的法律：鞭刑。這種鞭刑是用半寸來寬的藤條放在水中浸泡後，再由體格健碩且訓練有素的執行官施刑。執行前，醫生要對受刑者進行體檢，身體狀況適宜者方可施刑。執行時，受刑者要脫掉褲子，由執行官掄圓了鞭子狠抽。一鞭子下去，便皮開肉綻，三鞭子打完，受刑者一般會覺得痛不欲生。一九九四年美國青年費伊到新加坡旅遊，觸犯了塗鴉和行為不軌之法條，被判入獄並執行鞭刑六鞭。頓時輿論嘩然，費伊的家屬大呼小叫，美國政府也出面抗議，柯林頓總統也表示了關注。

但新加坡司法當局還是毫不客氣地對費伊執行了鞭刑，結結實實抽了美國佬六鞭子。

用鞭子抽屁股是很不文明的行為，這項法律頗受非議，可是新加坡仍「我行我素」，不予廢除。因為據說：這麼多年了，搭計程車都是新屁股！

古語云：「亂世用重典。」沒想到新加坡盛世也用重典。其實典輕典重是一回事，是否能嚴厲公正地執行又是一回事。如果這鞭子總打在普通老百姓屁股上，那就沒勁了。

我有一個朋友，我很尊重他；這麼多年來他一直堅持買正版光碟和圖書，僅有的幾次破例，都是因為很好的電影實在買不到正版才買盜版的。

他的理由很簡單：我如果買盜版，就如同幫助賊人銷贓一樣，有犯罪和骯髒的感覺。

眾所周知，在中國文化領域，有著比股票市場更為嚴重的執法缺失的問題。

就以筆者本人比較熟悉的圖書市場來說。中國大陸的出版權是政府壟斷的，前不久，大部分出版社剛剛從事業單位改革為企業單位，在傳統體制的制約下，出版社中的許多工作人員對市場的熱情並不高，而且，維護自己（出版社）權益的積極性也不高。

當市場上有一本好書出現時，那麼就會有各路的「英雄豪傑」蜂擁而至，從兩個方向開始圍追堵截：一是盜版，找個電子掃描器將書的內容掃進去，找個「地下」印刷廠開機印刷，就可以上市發行了。《新華字典》、《辭海》也敢盜，更有甚者，連當年毛毛寫的《我的父親鄧小平》都敢盜！

第二是追風抄襲。你的名字叫金庸，我就叫全庸；你的書名叫《誰動了我的奶酪》，我就叫《誰動了我的肉包子》；你的《小故事大智慧》賣得不錯，我馬上做《小故事大智慧全集》。

還有人另闢蹊徑，明明是隨便找人寫的書，就敢說是哈佛大學教授的作品，或者是幾百年前的某西方大師的著作；還有的印上在全球銷售多少億冊，在某某排行榜上如何如何。

曾有某位領導站出來說：「要鼓勵原創作品。」可是，怎麼保護原創者的利益呢？他辛苦十年寫了一本書，剛出來就被盜版和追風淹沒了！

好，他終於著急生氣了，決心打擊這些不法分子，維護自己的權益。打盜版，你自己先去找證據；證據確鑿了，再去找出版社；出版社再去聯絡執法部門；當地執法部門再擇日行動──等這一系列程序走下來，盜版者早拿著錢銷聲匿跡了！

打追風抄襲者，你先找證據，然後與侵權的出版社交涉，人家不把你當回事；你進一步憤怒，告到法院；法院終於認定對方侵犯了你的權益，可是如何賠償呢？你再去找對方銷量的證據。找不到？那就按大陸國家規定的稿費標準加倍賠償吧，數數有多少字，千字八十元行不行？

《哈利．波特》的作者羅琳靠寫作可以成為富翁，在中國大陸，這種事有難度！

如果把市場經濟比作一座大廈，那麼各個領域就是支撐大廈的柱子，而法制環境和信用制度就是大廈的基石。股市也好，金融也好，圖書也好，政府在各個領域努力做著工作，具體到我們個人，除了本分地做好自己的本職工作、建立起自己的良好信用以外，還可以力所能及的為改善大環境做些工作，比如說，抵制盜版？

「報童掃除文盲」和「地產商扶持貧困戶」

他如果只為窮人造房子，房子賣不出去怎麼辦？中國的貧富分化不是他造成的，你買不起房子不能罵人家。如果讓那個小報童拿著報紙專門去找不認識字的文盲去叫賣，他能賣出報紙嗎？你能要求報童去掃除文盲嗎？

假如有人這樣去市場買東西：

「售貨員，你好，我想買一台電視，請問哪個品牌賣得最不好啊？是這個啊，好，就把這個牌子的賣給我一台。產品賣不出去，人家多著急啊，那麼多的員工要吃飯，一家老小都等著錢用呢，我們幫幫人家。」

「請問售貨員，有沒有過期或是快過期的奶粉啊？賣給我吧，要不然扔了多可惜啊！」「請問售貨員，這個產品是不是有瑕疵的產品？是啊，好，品質差點沒關係，價格高點沒關係，我買了。」

會有人這樣嗎？應該是不會的！

在正常的市場交易行為中，不能用道德和良心的角度去看問題，否則是要鬧笑話的。違背了基本的市場經濟規律，就會好心辦壞事。這樣的例子在各國經濟發展史上是屢見不鮮的。

記得曾經有這樣一個案例。某個國家的社會正義人士積極運作，讓政府通過了一項保護勞工的法令：對工作時間和最低工資制度都做了大幅度的改進。此舉的出發點自然是好的，可是經過一段時間的實行後，卻發現，勞工的生活水準反而降低了。為什麼呢？「企業家」不敢違反法令，但由於生產成本的大幅上升卻使其難以承受，於是只好提高售價；價格提高了，富人的消費不受影響或影響比較小，窮人只好縮減開支，生活艱難；銷售量下滑了，廠商就開始裁員；失業的人多了，消費進一步的下降；投資的熱情減少，就業機會於是更少。

具體的時間地點和數字我記不清楚，但好像就是有這麼一回事。**經濟工作確實需要「懂經濟的人」來做，不是一腔熱血的拍腦門喊口號的事情。很簡單，義憤填膺解**

決不了經濟問題。

宏觀經濟層面如此，在微觀經營上更是這樣。

為什麼說到這個問題呢？在網上又看見在討伐某地產集團的總經理，怒斥其優先為富人造房子的觀點：置天下窮人而不顧，良心大大的壞！

也許有些事情能做不能說，說出來會犯眾怒。但不論是窮人還是富人，凡事還是得講些道理吧？

我曾經編寫過「兩個報童賣報」這樣一個故事，在講課時使用（詳見《你在忙什麼》中「賣報與賣粥的學問」一文），說的是某個特定地區兩個小孩賣報紙，其中一個報童很聰明，想出一些獨特的方法來推銷報紙，最終擠跑了競爭對手。

大家如果用道德的角度來看問題，可能就要對聰明的小報童大加討伐了：怎麼這麼多鬼點子？害得人家別人都沒法做了，真不道德！

再說那個被痛斥的房地產老總，他如果只為窮人造房子，房子賣不出去怎麼辦？國家的貧富分化不是他造成的，你買不起房子不能罵人家。如果讓那個小報童拿著報紙專門去找不認識字的文盲去叫賣，他能賣出報紙嗎？你能要求報童去掃除文盲嗎？

同理，你不能要求房地產商人去扶持貧困戶！

我個人認為，當今的社會主體，除去我們每一位吃喝行走的自然人以外，還有另外的分為三種「人」：一是企業法人，二是政府法人，三是社會法人（各種公益團體等）。這三種人各有各的立場和使命，天生就是不同的長相，如果非要把他們攪到一起來談，那就不對了。

企業天生就是要賺錢的，不讓我賺錢我幹嘛要投資辦企業？我的底線是法律，只要我不違法，你就管不著我。在法律的基礎上，我建立我的信用制度，再進一步樹立我良好的企業社會形象：我可以捐款，可以做慈善事業。但這些都是建立在盈利賺錢的基礎上的，否則，這個企業就要關門，國家少一份稅收，多一些失業人員。

政府是維護社會秩序、公平和市場規則的，打擊壞人，保護好人，並且照顧弱勢團體。政府可以運用的方法很多，二次分配，合理調節等等，但是，政府也不能違背市場的遊戲規則，無視經濟規律，我們改革的目的之一不就是政、商分開嗎？各做各的，政府有暫時沒做好、做到的地方，大家盡可以獻言獻策、參政議政嘛！

企業、政府都沒做到的地方，就可以由第三種「人」來拾遺補缺，那就是各種社會團體，各種公益事業。他們沒有政府的權力，也沒有企業的盈利目的。政府可以撥錢給他們，企業也可以捐款給他們，同樣，社會上每一個想做點好事的人，都可以獻一點愛心出來──這是表現道德和良心的最佳通道！

還有，我們每個人在日常工作和生活中都可以對自己高標準嚴格要求，要做事情先做人，使自己成為謙謙君子，並且做好自己的事情。可是一旦要做經濟決策、投資理財、辦企業，你就要遵循市場的基本規律。

對於很多上了年紀的「知識分子」（四、五十歲）來說，我們可能都受過許多傳統的道德教育，正義、公平、良知、愛心，這些都是人類最寶貴的財富，我們身上也許還有這些值得自豪和珍惜的財富。面對社會的貧富差距，不管我們身在哪個階層，我們都著急，也想為之做些什麼；而且，面對市場經濟，我們的經濟決策也許都多少會受到道德良心的拷問，我們在努力適應新的「經濟人」角色；從傳統的知識分子到今天的「知識經濟分子」，我們本身都在蛻皮換骨──這是一個社會的轉型，當然也是大多數人主動和被動的轉型！

其實，在一個成熟社會中（或是說是和諧社會──這正是我們的目標），上述「三種人」的身分是並不矛盾的，「經濟人」與「愛心正義人」是可以和諧地統一存在的。

政府為大家提供了公平的致富機會，任何「經濟人」都可以在法律的底線上追求自己的正當利潤—如果他道德高尚，有良好的社會聲譽，那麼他會有更多的機會和得到更多的支援，那麼他的經濟收益會較高—在有一定經濟基礎的情況下，他投入慈善事業，那麼就會使自己和企業都進一步具有良好的形象（在美國的調查表明，大量捐助慈善和社會公益事業的富豪或知名企業都會得到更迅速的發展，良好的社會形象使更多的消費者選擇他們的產品），最終形成很好的良性循環。當然這是理想的狀況。也有為富不仁者，守著自己的一大堆錢數著玩，那麼好，政府也有辦法，收你的遺產稅！兩三代後，財富仍將會到社會上流轉。

政府為大家保駕護航，大家八仙過海各顯神通地去賺錢，同時，政府透過稅收等手段進行必要的社會調節和救助，保證弱勢群體的基本生活和社會的穩定；大量的富有的「經濟人」和「愛心正義人」也可以很方便地為公益事業做貢獻，可以很好地回饋社會。

再回到那個一不留神說了大實話的地產商身上，**你可以不喜歡他，不買他蓋的房子（買得起也不買他的），可是，他沒有錯，他有選擇為誰蓋房子的權利！這是他作為商人最基本的自由。**

我們不應該管地產商為誰蓋房子，而是只祝願他能把房子蓋得漂漂亮亮、貨真價實，他的房子能賣得出去！他不逃漏稅、他不破產，還能給社會增加就業機會，給政府增加稅收，再說，他要是聽你的話，蓋了房子賣不出去，你幫人家承擔損失嗎？如果把我們自己放在人家的位置上呢？

智慧女神送你的十二朵玫瑰

用一年的時間改變自己

很久以前，有個名叫比爾的年輕人，他覺得自己的生活很不快樂。

他沒有讓女人傾慕的英俊瀟灑；

他沒有讓人羨慕的財富；

他沒有出生在權貴的家庭；

他沒有出眾的才華；

他沒有幸運女神的光顧，一切的一切都這樣過著普通平常生活這個樣子嗎？

他經常問自己。他不甘心。他經常祈禱，祈禱奇蹟的發生，讓自己過著快樂幸福的生活。

有一天，一位女神悄然飄落在他的面前。女神說：「我不是幸運女神，我是智慧女神，但我可以幫你找到幸運女神，她是我的好朋友。」

比爾聽完高興極了。

女神說：「我送你十二朵玫瑰，每朵玫瑰中都藏著一個路標。你每個月打開一朵玫瑰，照其中的要求去做，你就會找到幸運女神，過著快樂和幸福的生活。」

此後的十二個月，比爾都按照智慧女神的話去做。

時間很快地過去了……

第一朵玫瑰：善良，盡可能地幫助那些需要你幫助的窮人。這樣你在精神上就能先富有和快樂了起來，而且，你的善行都在幸運女神的帳本上記錄著，總有一天，她會給你一個巨大的驚喜。

一九六三年，一位名叫瑪莉・班尼的美國小女孩曾寫信給《芝加哥先驅論壇報》，因為她實在想不明白，為什麼她幫媽媽把烤好的甜餅送到餐桌上，得到的只是一句：「好孩子」的誇獎，而那個什麼都不做，只知搗蛋的戴維（她的弟弟）得到的卻是一個甜餅。她想問一問無所不知的西勒．庫斯特先生，上帝真的是公平的嗎？為什麼她在家和學校常看到一些像她這樣的好孩子被上帝遺忘了呢？

西勒・庫斯特是《芝加哥先驅論壇報》兒童版欄「你說，我說」的主持人，十多年來，孩子們有關：「上帝為什麼不獎賞好人，為什麼不懲罰壞人」之類的來信，他收到不下千封。每當拆閱這樣的信件，他心裏就非常沉重，因為他不知道該怎樣回答這些問題。

正當他對瑪莉小女生的來信不知如何是好時，一位朋友邀請他來參加婚禮。也許他一生都該感謝這次的婚禮，因為就是在這次婚禮上，他找到了答案，並且這個答案讓他一夜之間名揚天下。西勒・庫斯特是這樣回憶那場婚禮的：牧師主持完結婚儀式，新娘和新郎互贈戒指，也許是他們正沉浸在幸福之中，也許是兩人過於激動。

總之，在他們互贈戒指時，兩人都陰錯陽差地把戒指戴在了對方的左手上。牧師看到這一情節，幽了一默：「右手已經夠完美的了，我想你們最好還是用它來裝扮左手吧。」西勒・庫斯特說，正是牧師的這一幽默，讓他茅塞頓開。右手成為右手，本身就非常完美了，是沒有必要把飾物再戴在右手上了。同樣，那些有德的人，之所以常常被忽略，不就是因為他們已經非常完美了？後來，西勒．庫斯特得出結論，上帝讓右手成其為右手，就是對右手的最高獎賞，同理，上帝讓善人成為善人，也就是對善人的最高獎賞。

西勒・庫斯特發現這一真理後，興奮不已，他以《上帝讓你成為一個好孩子，就是對你的最高獎賞》為題，立即給瑪莉．班尼回了一封信，這封信在《芝加哥先驅論壇報》刊登之後，在不久的時間之內，被美國及歐洲一千多家報刊轉載，並且每年的兒童節，他們都要重新刊載一次。

前不久，一位中國兒童不知在什麼地方發現了這封信，讀後，他透過國際網際網路在《芝加哥先驅論壇報》的網面上留言說：「中國民間有一句俗話，叫惡有惡報，善有善報，不是不報，時候未到。」我曾經對惡人遲遲得不到報應，感到迷惑不解。現在我終於明白，其實他們立即就得到了回報。因為讓惡人成為惡人就是上帝對他們的懲罰。

初看起來，善良好像與成功、幸運等沒有什麼直接的關係，但這卻是做人的最基本要求，是一個人的立身之本。

善良，幫助需要幫助的人這表明了一個人對生命本身的尊重和熱愛，對造物主的敬畏。對於這樣的人，即使他有一時的困厄，神終究會賜給他力量和財富，因為，他會用這些為世界做更多的好事。

相反，那些「惡」人雖然有可能用種種手段獲得一時的榮耀，但終歸不能長久，神最終還是會剝奪他的一切，並給予他嚴厲的懲罰。

「惡有惡報，善有善報；不是不報，時候未到。」報應什麼時候會來呢？近報自身，遠報子孫。也許就在你不知不覺中，有些事情已經在發生著變化呢？

兩個旅行中的天使到一個富有的家庭借宿。這家人對他們並不友好，並且拒絕讓他們在舒適的客房臥室裏過夜，而是在冰冷的地下室給他們找了一個角落。當他們在那硬邦邦的地上鋪床時，老天使發現牆上有一個洞，就順手把它修補好了。年輕天使問為什麼，老天使答道：「有些事情並不像它看上去那樣。」

第二晚，兩人又到了一個非常貧窮的農家借宿。夫婦倆對他們非常熱情，把僅有的一點點食物跟客人一起分享，然後又讓出自己的床鋪給兩位天使，讓他們好好地睡上一覺。第二天一早，兩個天使發現農夫和他的妻子在哭泣——一頭乳牛在田裏死了，而這頭乳牛的牛奶是他們唯一的收入來源。年輕天使非常憤怒，他質問老天使為什麼會讓這種事情發生：「第一個家庭什麼都有，你還幫助他們修補牆；第二個家庭儘管如此貧窮還是願意與別人分享他們僅有的食物，而你卻讓乳牛死去。」

「有些事情並不像它看上去那樣。」老天使答道，「當我們在地下室過夜時，我從牆洞看到牆裏堆滿了金塊。因為主人被貪慾所迷惑，不願意分享他的財富，所以我把牆洞填上了，讓他無法找到。」

「昨天晚上，當我們睡在農夫的床上時，死亡之神來召喚農夫的妻子，我讓乳牛代替了她。所以有些事情並不像它看上去那樣。」

有些時候「塞翁失馬，焉知非福」。如果你有信念，你只需要堅信付出總會得到回報，你可能會在一段時間後才發現……

比爾原本就是個善良的小伙子，他還是把這些啟示認真地記在了心裏。此後，每當看見那些處於困難中的人時，比爾總是更熱情地伸出自己的手；當看見那些不遵守法律和紀律、耀武揚威的權貴時，比爾總是從心底為他們感到悲哀：他們的惡報還在累積著，當報應的那一天到來時，將會是多麼嚴重的懲罰啊！

第二朵玫瑰：你想改變現狀嗎？你有改變自己命運的願望嗎？強烈的願望會讓你迸發出巨大的力量。只要你想改變，其實一切都是可以改變的。

美國有位富豪名叫約翰．富勒，他出生在一個非常貧窮的家庭裏。富勒家中有七個兄弟姐妹，他從五歲開始工作，九歲時會趕騾子。他有一位了不起的母親，她經常和兒子談到自己的夢想：「我們不應該這麼窮，不要說貧窮是上帝的旨意，我們很窮，但不能怨天尤人，那是因為你爸爸從未有過改變貧窮的慾望，家中每一個人都胸無大志。」這些話深植於富勒的心，他一心想躋身於富人之列，於是開始努力追求財富。

十二年後，富勒接手一家被拍賣的公司，並且還陸續收購了七家公司。他談到成功的秘訣，還是用多年前母親的話回答：「我們很窮，但不能怨天尤人，那是因為爸爸從未有過改變貧窮的慾望，家中每一個人都胸無大志。」

富勒在多次受邀演講中說：「**雖然我不能成為富人的後代，但我可以成為富人的祖先。**」

有一次，一位重要人士預定給南卡羅萊納州一個學院的全體學生發表演說。

那個學院規模不大，整個禮堂都坐滿了興高采烈的學生，大家都對有機會聆聽到這種大人物的演說興奮不已。在州長經過簡單的介紹之後，演講者走到麥克風前，眼光對著聽眾，由左向右掃視一次，然後開口說：「我的生母是聾子，因此沒有辦法說話，我不知道自己的父親是誰，也不知道他是否還在人間，我這輩子找到的第一份工作，是到棉花田去做事。」

台下的聽眾全都呆住了。

「如果情況不如意，我們總可以想辦法加以改變，」她繼續說，「一個人的未來會怎麼樣，不是因為生下來的狀況。」她輕聲地重覆方才說過的，「如果情況不如人意，我們總可以想辦法加以改變。」

「一個人若想改變眼前充滿不幸或無法盡如人意的情況，」她以堅定的語氣往下說，「只要回答這個簡單的問題：『我希望情況變成什麼樣？』然後全身心投入，採取行動，朝理想目標前進即可。」

接著她的臉上綻放出美麗的笑容：「我的名字叫阿濟・泰勒・摩爾頓，今天我以美國財政部長的身分站在這裡。」

世界上有很多人在抱怨，抱怨著自己的種種不如意。發完了牢騷，他喝了一點酒，或是看了一會電視上的肥皀劇，或是訓斥了不聽話的孩子，或是又看自己的太太不順眼生了一會氣，然後，他躺到了床上，嘟嘟囔囔地進入了夢鄉。

第二天，太陽是新的，可是他的生活是舊的，他在原來的軌道上又混了一天的日子，一切還是原來的樣子。偶爾，除了抱怨，他也羨慕周圍那些走在他前面的人，但念頭閃過之後，他又回復到原來的狀態，他不知道該怎樣去做。今天先這樣過吧，明天也許有好的機會呢！明天過去了，後天也過去了，一切都沒有改變，除了他的年齡！

一位生活不如意的年輕人，決定找心理醫生諮詢，幫助自己改變目前的狀況。

他找到了一家位於巷子裏的診所，走進了醫生的候診室，發現裏面佈置得很雅致，但是沒有接待的護士。候診室裏有兩扇門，一扇寫著「男人」，另一扇為「女人」。

他走進那扇寫著「男人」的門之後，發現眼前又出現了兩扇門。一扇門上寫著「樂觀」，另一扇門上則寫著「保守」。知道自己是個保守的人，於是那位年輕人推開了那扇寫著「保守」的門。

結果，他發現自己來到了一間又有兩扇門的房間。其中一扇門上面寫的是「冒險改變」，另一扇門上寫的是「保留舊習」。他知道自己難以割捨熟悉的一切，所以他進了「保留舊習」。通過那扇門之後，他發現自己又回到了巷子裏。

由於對不明的恐懼，對自己的缺乏瞭解，人們都不願主動放棄現有的習慣模式。就像那位守舊的年輕人一樣，最終仍回到原來的「巷子裏」。

其實，沒有什麼是不能改變的，改變也沒有你想像中的那麼難。問題的關鍵是：你要有改變現狀的強烈慾望！你要馬上採取行動！

哪怕每天只改變了一點點，日積月累，在經過一段時間後，你會發現：整個狀況已經改變了許多。

那麼，新的問題出現了，我想變成什麼樣子呢？我想過什麼樣的生活呢？

比爾拿出了第三朵玫瑰……

第三朵玫瑰：設定目標是非常重要的，這是自己給自己的人生定位。它會讓你清楚你要往哪裡去，而你目前所做的一切是否偏離了路線。唯有如此，你的視野才能清晰，你的腳步才能堅定！

父親和兒子走在雪地裏，看到遠處有一棵大樹，就對兒子說：「我們來比賽，誰在雪地上跑出的線最直。」兒子聽了就很小心的走，不斷注意自己的雙腳，把一隻腳慢慢放到另一隻腳前面。

好不容易走到大樹旁，看見父親已經先到，他並不覺得意外，但父親走的路比較直，卻令他吃驚。

父親告訴兒子：「要走成一條直線，最有效的方法不是光看著腳，而是要注視著前方的目標。只要眼睛始終不離開大樹，就能走成一條直線。」

生活中也有同樣的情形，在我們一生中，我們有時得小心注意自己的腳下，但更多時候，要知道自己往哪裡去。

唐僧前往西天取經時，所騎的白馬本是長安城中一家磨坊裏的一匹普通白馬。此馬本來也沒什麼出眾之處，只不過一生下來就在磨坊裏幹活，身強體健，耐苦耐勞，且老老實實永遠不搗亂。玄奘大師心想：西天路途遙遠，去時要當坐騎，回來時要負重馱經書。況且自己的騎術又不是很好，還是挑選老老實實的馬吧。選來選去，就把這匹磨坊裏的普通白馬給選上了。

這一去，就是十七年。待唐僧返回東土大唐時，已是名滿天下的傳奇英雄，這匹白馬，也成了取經的功臣，被譽為「大唐第一名馬」。

白馬衣錦還鄉，來到昔日的磨坊看望老朋友。一大群驢子和馬都圍著白馬，聽白馬講西天途中的見聞以及今日的榮耀，大家艷羨不已。

白馬很平靜地說：「各位，我也沒什麼了不起，只不過有幸被玄奘大師選中，一步一步西去東回而已。這十七年間，大家也沒閒著，只不過你們是在家門口來回打轉。其實，我走一步，你也在走一步，我們走過的路還是一樣長也一樣的辛苦。」

眾驢子和馬都不言語了。是啊，自己也沒閒著啊，怎麼人家就成了「成功人士」，有榮譽有地位，自己還是老樣子呢？

大家都沒閒著，但他在忙什麼，你又在忙什麼？

美國有家調查機構曾經做過一個著名的追蹤調查，他們在一所知名大學（好像是哈佛大學）的畢業生中選取了四十個人，其中二十個有明確的事業目標，決定一畢業就為自己的事業而奮鬥；而另外二十個則沒有明確的目標，決定先找份工作，賺了錢再說。結果，二十年後，前二十名學生中有十八位成了百萬富翁，而後二十名學生中僅有一位成為百萬富翁。

主要的差別即在於此，有的人從頭到尾都有一個明確的目標方向，為成就一番事業而奮鬥，而有的人身不由己，隨波逐流，每日所忙都只是為了生存的伙食標準提高一些而已。大家一樣的辛苦忙碌，誰也沒閒著，甚至你比他還忙還累，可是收穫卻大不相同。

有句成語叫做：「碌碌無為」，這個詞可能我們在小學時就用它造過句子，但誰又真正理解了它的意義？碌碌，忙得不可開交，但卻是「無為」，太可怕了。很多時候我們恐怕都沒有把什麼叫做「忙」真正的定義清楚。忙是什麼呢？忙應該是在特定的時間段中，朝著特定的目標進行連續不斷的努力的生存狀態。忙碌可以使我們的生活充實，讓我們回憶起來覺得自己對得起時間對得起自己，但是如果你只是為了不閒著去忙，只是為了向人表示自己「很重要」而去忙，那麼無非是自己欺騙自己罷了。

沒有明確的方向，即如無頭蒼蠅；行業位置不對，總在做無用之功。忙，有什麼用呢？

每天二十四小時，大家都努力。白馬隨唐僧步步朝西，十萬八千里走了個來回；而其他的眾馬驢原地轉圈，終其一生，也未能有千里之遊。

「西天取經的白馬」是本套文叢的第一本《你在忙什麼》中故事，書名：「你在忙什麼」也正是這個故事的寓意。沒有明確目標的人生，多半是在原地打轉，而不能有效地前進。

目標是很重要的，那麼如何給自己制定目標呢？自己到底想過什麼樣的生活呢？

制定目標，要符合自己的實際情況，要詳細地分析自己的愛好、能力特點以及現有的資源。

要瞭解你自己，這不是一件容易的事情，但必須要做；你是喜歡做學問及研究，還是願意做具體的實際工作？是擅長做管理還是更樂意從事技術強的工作？是想到一家大公司任職還是想自己創業？是更強調自己的閒暇，不喜歡忙忙碌碌還是更在意工作的成就感？

法國國王路易十六被趕下王位，關在牢中，其年輕的王子則被趕國王下台的那幫人帶走。他們想著，王子是王位繼承人，若能在道德上把他摧垮，那他永遠也無法實現生活賦予他的偉大使命。

他們把王子帶到遙遠的山區，讓那男孩接觸各種卑鄙邪惡的事物。提供讓他淪為饕餮之徒的各種美味，讓他成天聽粗鄙之言、接觸淫蕩猥褻的婦女，處處是不講信譽、卑鄙無恥。一天二十四小時讓他處於這種環境之中，要讓其靈魂受到誘惑而墮落。接連六個月都是如此，但是，這男孩沒有一時一刻屈從於壓力。在這種種誘惑之後，他們最後問他，為何他能抵抗所有這些的誘惑？為何他能不淪落其中？這些事物能提供歡娛，能滿足慾望，它們就在那裡，唾手可得。那男孩答道：「我無法這麼做，因為我生來就是要當國王的。」

我不可能做國王，可是我要做一個有尊嚴的人，一個對社會有貢獻的人。比爾提醒自己注意：別人的目標不一定就是自己的目標。自己的目標應該是要符合三個條件：自己很喜歡做、很適合做的事情；所產生的收益能夠解決自己的生活問題，讓自己過著衣食無憂的生活；自己的努力能對社會產生積極的影響，從而給自己帶來一定的成就感。

經過對自己的分析，目標確立了，怎麼實現呢？

第四朵玫瑰裏面寫了些什麼呢？

第四朵玫瑰：沒有英俊瀟灑的容貌；沒有繼承巨額的財富；沒有顯赫的家族身世，雖然我們沒有很多，但是我們擁有的更多。不要抱怨上帝沒有給你更多，而是要珍惜自己的價值和資源，想辦法把自己現有的資源發揮出最大的功效！

有一位生長在孤兒院中的小男孩，常常悲觀地問院長：「像我這樣沒人要的孩子，活著究竟有什麼意義呢？」

院長總是笑而不答。

有一天，院長交給男孩一塊石頭，說：「明天早上，你拿這塊石頭到市場上去賣，但不是『真賣』，記住，無論別人出多少錢，絕對不能賣。」

第二天，男孩拿著石頭蹲在市場的角落，意外地發現有不少人好奇地對他的石頭感興趣，而且價錢越出越高。回到孤兒院，男孩興奮地向院長報告，院長笑笑，要他明天拿到黃金市場去賣。在黃金市場上，有人出比昨天高十倍的價錢來買這塊石頭。

最後，院長叫孩子把石頭拿到寶石市場上去展示，結果，石頭的身價又漲了十倍，更由於男孩怎麼都不賣，竟被傳揚為「稀世珍寶」。

男孩高興地捧著石頭回到孤兒院，把這一切告訴給院長，並問為什麼會這樣。

院長沒有笑，望著孩子慢慢說道：

「生命的價值就像這塊石頭一樣，在不同的環境下就會有不同的意義。一塊不起眼的石頭，由於你的珍惜、惜售而提升了它的價值，竟被傳為稀世珍寶。你不就像這塊石頭一樣？只要自己看重自己，自我珍惜，生命自然就有意義、有價值。」

自己把自己不當一回事，別人就更瞧不起你，生命的價值首先取決於你自己的態度，珍惜獨一無二的你自己，珍惜這短暫的幾十年光陰，然後再去不斷充實、發掘自己，最後世界才會認同你的價值。

而且，你一定要相信上帝的公平！

造物主在創造每一個生命的時候，都同時賜予了它很多「禮物」，就是各式各樣的本領和技能。正是依靠著這些，每一個生命才能在大自然中生存，每一個物種才能延續。

上帝對人類是比較偏愛的，所以多給予了人類一項特殊的本領：「智慧」。鳥兒能飛，魚兒能游，老虎爪子利，豹子跑得快，大象力氣大，可是人類比牠們都聰明！

就是在人類的社會中，上帝也是公平的。他給予每個人的東西基本上是均衡的，只不過有的東西在表面，大家都可以輕易地看到，如相貌和家族身世；而最寶貴的東西卻隱藏在你的內心和身體裏，需要你自己去發現和尋找。

另外要注意的是，上帝喜歡開玩笑，他把最寶貴的東西隱藏得最深，而且，在給人類每一項財富的同時，都佈下了一道魔障，隱藏著危險的誘惑。

如果你沒有那些顯而易見的財富，那麼你要注意，不要被上帝佈下的魔障擊中：沮喪和沉淪。

你應該高興地提醒自己：上帝給予你的隱藏財富更多，它們正在等著你發現呢！

在前面的文章中，我曾經講過這樣一個小故事：美國總統艾森豪威爾年輕的時候，有一次跟家人一起玩紙牌遊戲，連續幾次他的牌都不好，於是他抱怨個不停。他的媽媽對他說：「**如果你要玩，就必須用你手中的牌玩下去，不管那些牌怎麼樣。人生也是如此，發牌的是上帝，你能做的就是盡你全力，求得最好的結果。**」

這件小事情對艾森豪威爾的一生影響巨大。其後的人生旅途中，他沒有再抱怨過自己的「牌」不好，而是盡最大可能把手裏的「牌」打好，發揮自己最大的優勢。他置身軍旅後，並不是一個能征善戰的傑出將領，如同時代的麥克阿瑟、巴頓、蒙哥馬利、隆美爾等人，但他知道上帝發給他的「牌」中，他最強的是組織協調管理，是舉重若輕統帥全局，所以他成為盟軍統帥的不二人選。在組織實行人類戰爭史上最大的戰役諾曼第登陸時，艾森豪威爾所展現的卓越才華為他贏得了不朽的聲譽。

可是，有人會說，上帝發給艾森豪威爾的牌其實不錯呢。好，我們來看另外一個例子。

海倫・凱勒一八八〇年出生於美國的一個小鎮，她從小聰明過人，然而不幸的是，當她一歲多的時候，一場病奪去了她的視、聽、說的全部能力，無情的現實把這位小女孩投進了黑暗與寂靜、混沌與無知的世界之中。小海倫七歲時，父母為她請來了一位名叫安妮·莎莉文的啟蒙老師，這位老師使海倫的一生發生了極大的轉變。

有一天，老師把海倫帶到水房，用水管中清涼的水滴在她的一隻手上，同時在另一隻手上拚寫出「水」字，這使海倫認識到宇宙事物都各有名稱。老師把海倫帶到郊外，見什麼東西就摸什麼，並且在她手上拚寫出字句來，小海倫很快就記住了。海倫要學說話，盲聾啞學校校長富勒小姐親自教她，富勒小姐發音時，要海倫把手放在她的臉上，用感覺來刺激舌頭和嘴的牽動情形，然後模仿著發音，慢慢地，海倫開始用嘴說話了。經過艱苦的訓練，海倫以超人的毅力開始學習英、德、法、拉丁、希臘文，並掌握了這些文字。

後來，海倫克服了難以想像的困難，以優異成績考取了美國第一學府——哈佛大學。二十一歲時，海倫寫了一本自傳的書——《我生活的故事》，轟動了美國文壇。在此後的六十年中，她一共撰寫了十四部著作，成為舉世聞名的作家。

其實，海倫最有名的著作是《假如給我三天光明》，這本書我們即使沒有讀過也應該聽說過。她的奢望居然只是「三天的光明」，對於我們這些健康人來說，有何感想？

表面上看，海倫的先天資源貧瘠到了極點，但上帝給她的禮物就隱藏在這些表象後面。在與這些超出常人許多倍的困難做奮鬥的過程中，她鍛鍊出遠超乎常人的毅力和堅強，也收穫到了遠超乎常人的快樂和成功。

有人問一位知名的藝術家，一位跟他學畫的青年將來能否成為一位著名的畫家。藝術家回答說：「不，絕不可能！他每年有著六千英鎊的收入呢！」

這位藝術家知道，人的本領是從艱難困苦中培養出來的，而在富裕境況下很難產生有為的青年。

卡耐基曾經說：「不要以為作為富家的子弟，就得到了好的命運。大多數的紈絝子弟，做了財富的奴隸，他們不能抑制任何誘惑，以致陷入墮落的境地。要知道，享樂慣了的孩子，絕不是那些出身貧賤的孩子的對手。一些窮苦的孩子，甚至窮苦得連讀書的機會也沒有的孩子，成人之後卻成就了大業。一些普通學校畢業後就投入企業界的苦孩子，開始做著非常平凡的工作。可是這些苦孩子，也許就是無名的英雄，將來能擁有很豐富的資產，獲得無上的榮譽。」

一位名叫阿費烈德的外科醫生在解剖屍體時，發現一個奇怪的現象：那些患病的器官並不如人們想像的那樣糟，相反在與疾病的抗爭中，為了抵禦病變它們往往要代償性地比正常的器官機能強。

最早的發現是從一個腎臟病患者的遺體中發現的，當他從死者的體內取出那顆患病的腎臟時，他發現那顆腎要比正常的大。當他再去分析另外一顆腎時，他發現另外一顆腎也大得超乎尋常。在多年的醫學解剖過程中，他不斷地發現包括心臟、肺等幾乎所有人體器官都存在著類似的情況。

他為此撰寫了一篇頗具影響的論文，從醫學的角度進行了分析。他認為患病器官因為和病毒做抗爭而使器官的功能不斷增強。假如有兩個相同的器官，當其中一個器官死亡後，另一個器官就會努力承擔起全部的責任，從而使健全的器官變得強壯起來。

兩度出任美國總統的格羅弗‧克利夫蘭，起初也不過是個窮苦的店員，賺著每年五十美元的工資，他後來說：「的確，極度貧困所激發的雄心比較來得切實而有力。」

雖然那些出生時就嘴裏含著金湯匙的人，比我們的起點要高很多，但他們受到的誘惑也比我們多得多，而且安逸生活對他們的腐蝕也不容忽視。也許他們終生衣食無憂，但他們也不會有超越父輩的成就，只能活在前人的陰影下。

上天讓你貧困時，也隨之賜給了你奮發的力量和才智，而這些力量和才智在你奮鬥的過程中更會不斷地增長，最終，你在改變了自己命運的同時，也會為社會做出有益的貢獻，贏得他人的尊重。

美國石油大王保羅二世・蓋帝在他的自傳中，曾經提出一個十分有趣的假設：若是將目前全世界所有的現金，以及所有產業，全都混合在一起，平均地分給全球的每一個人，讓每個人所擁有的財富都一樣多。經過半個小時之後，全球這些財富均等的人們，他們的經濟狀況就會開始有了顯著的改變。

有的人在這時候，已經喪失了他分到的那一份；有的人會因為豪賭而輸光；有的人會因為盲目的投資而一文不值；有的人則會受到詐騙而迅速破產。於是財富分配又重新開始了，有些人的錢會變少，有些人的錢又開始多了起來。這種情形會隨著時間的變長，而變得差別更大。經過三個月之後，所謂的貧富懸殊的情況，將會變得十分驚人。

保羅・蓋帝特別強調：「我敢打賭，再經過一兩年之後，全世界財富的分配情形，將會和沒有均分之前沒有兩樣，有錢的還是那些人；而貧困的人們，依然不會有所轉變。」

為什麼會這樣呢？道理很簡單，與自天而降的財富相搭配的是諸多的誘惑，而執掌財富和駕御命運的本領，則通常藏在苦難的表象後面。即使分配給你財富，而你沒有駕御的本領，這些財富最終還是會離你而去，回到它真正的主人那裡去。

一個人如果童年生活很不幸，艱難困苦的環境非常容易扭曲他的性格，走向極端；而生長在富裕家庭的孩子，又常常因缺乏磨練而脆弱，難當重任。如果能夠有意識地發揮自己的優勢資源，克服不足之處，那必將會成為了不起的人物。林肯是前者的典範，而美國前總統小布希則是後者中的佼佼者。

發牌的是上帝，努力的是自己！比爾告訴自己：「我的資源已經很不錯了，我需要的是努力行動，運用好自己的資源！」

第五朵玫瑰：計劃是對自己有限資源（時間和精力）的科學高效的安排。沒有計劃，目標再好，也會流於空談；而有了計劃，就要嚴格執行；給自己的每一個步驟，都確定嚴格的時間下限。

許多人給自己制定出了計劃，但在做事情時往往又隨意地修改計劃，而且不給自己確定時間的下限，那麼許多事情就會無限期地做下去，而且不會如期完成，計劃也就變成了一紙空文。

美國商業菁英鮑伯・費佛在他的每個工作日裏，一開始的第一件事情，就是將當天要做的事情分成三類：第一類是所有能夠帶來新的生意、增加營業額的工作；第二類是為了維持現有的狀況，或使現有狀態能夠繼續存在下去的一切工作；第三類則包括所有必須去做，但對企業和利潤沒有任何價值的工作。在完成所有第一類工作之前，鮑伯・費佛絕不會開始第二類工作，而且在全部完成第二類工作之前，也絕對不會著手進行第三類工作。「我一定要在中午之前將第一類工作完全結束」，鮑伯給自己規定，因為上午是他認為自己最清醒、最有建設性思考的時間。

「你必須堅持養成一種習慣：任何一件事情都必須在規定好的幾分鐘、一天或是一個星期內完成，每一件事情都必須有一個期限。如果堅持這麼做，你就會努力趕上期限，而不是永無休止地拖延下去。」

我們必須清醒地認識到人類身上可能存在的惰性，必須經常去提醒自己克服這種惰性，我們必須銘記：每件事情都必須有一個期限，否則，我們在大多數情況下都會有多少時間就花多少時間，甚至即使給我們很長的時間都不夠用。

而且在許多的時候，我們會有一種追求完美的想法，加上事情本身又沒有期限的限制，那麼就再花些時間把它做得更好些吧，反正已經花了那麼多時間了，再拖幾天也無妨。在這種泥沼中，你會越陷越深。

我們再來看一個成功的例子：

一九六八年的春天，牧師羅伯·舒樂立志在加州用玻璃造一座水晶大教堂，他向著名的設計師菲力普·強生表達了自己的構想：

「我要的不是一座普通的教堂，我要在人間建造一座伊甸園。」

強生問他預算，舒樂堅定而明快地說：「我現在一分錢也沒有，所以一百萬美元與四百萬美元的預算對我來說沒有區別，重要的是，這座教堂本身要具有足夠的魅力來吸引捐款者。」

教堂最終的預算為七百萬美元。七百萬美元對當時的舒樂來說是一個不僅超出了能力範圍，甚至超出了理解範圍的數字。

當天夜裏，舒樂拿出一張白紙，在上面寫上「七百萬美元」，然後又寫下十行字：

一、尋找一筆七百萬美元的捐款；
二、尋找七筆一百萬美元的捐款；
三、尋找十四筆五十萬美元的捐款；
四、尋找二十八筆二十五萬美元的捐款；
五、尋找七十筆十萬美元的捐款；
六、尋找一百筆七萬美元的捐款；
七、尋找一百四十筆五萬美元的捐款；

八、尋找二百八十筆二萬五千美元的捐款；

九、尋找七百筆一萬美元的捐款；

十、賣掉一萬個窗戶，每扇七百美元。

六十天後，舒樂用水晶大教堂奇特而美妙的模型打動富商約翰‧可林捐出了第一筆一百萬美元。

第六十五天，一對聽了舒樂演講的農民夫婦，捐出第一筆一千美元。

九十天時，一位被舒樂努力不懈精神所感動的陌生人，在其生日的當天寄給舒樂一張一百萬美元的銀行支票。八個月後，一名捐款者對舒樂說：「如果你的誠意與努力能籌到六百萬美元，剩下的一百萬美元由我來支付。」

第二年，舒樂以每扇五百美元的價格請求美國人認購水晶大教堂的窗戶，付款的辦法為每月五十美元，十個月分期付清。六個月內，一萬多扇窗戶全部售出。

一九八〇年九月，歷時十二年，可以容納二千七百多人的水晶大教堂竣工，成為世界建築史上的奇蹟與經典，也成為世界各地前往加州的人必去瞻仰的勝景。

水晶大教堂最終的造價為二千多萬美元，全部是舒樂一點一滴籌集而來的。

「我要的不是一座普通的教堂，我要在人間建造一座伊甸園。」一座水晶大教堂：舒樂的目標堅定而清晰。

攤開一張白紙，寫下十個甚至一百個實現夢想的途徑：將目標分解為一步步的可以落實為具體行動的計劃；開始行動，每天都要檢視自己的工作，有沒有完成今天的計劃，有沒有偏離方向？明天我應該做什麼？

有了嚴格的計劃，我們就有了約束自己的紀律，我們的工作就有了新的效率！

軍隊要有紀律，公司要有紀律，這彷彿是天經地義的事，沒有規矩，不成方圓嘛。要不，不全亂套了？

可是，你想過沒有，你平時的生活要是沒有紀律會怎樣？

早晨鬧鐘響了，該起來跑步，但今天實在不想起床，再睡一會兒吧；晚上下班回家吃完飯，本想看一會書學點新東西，或複習複習英語，但無意間看了一眼電視，竟被劇情給吸引了，結果這個連續劇有四十集，你的學習計劃早被女主角的眼淚給沖跑了；逛商場時本想著只是「看看不買」，沒想到商家又在搞促銷，這套衣服居然打六折，買吧，這樣這個月的儲蓄計劃又告吹了，其實那套衣服穿了兩天就掛在櫃子裏了，可買可不買的東西嘛；禮拜天原本想著帶孩子去科學館，但朋友打電話來說「三缺一」，救場如救火，再說好久沒玩牌了，手真癢，去吧！

生活中充滿了數不清的隨意性，更要命的是，沒有人會替你自己去管理你的生命。小的時候有父母為你操心；在學校時有老師管著，讓你按時繳作業；上班有上司管著，會檢查你的考積與工作進展。自己的日常生活與生命的重大安排呢？從決策到執行到監督落實，全靠你自己。

給自己定出計劃以及紀律，嚴格要求自己，看似委屈了自己，強迫自己放棄很多生活的樂趣，不能夠隨意、瀟灑地生活。

但是比爾明白：眼前的這種嚴格自律，正是改變不理想現狀，過自己想要的生活的開始！

第六朵玫瑰：從小事情開始，多想一點，每件事情都要比別人多收穫一點！這樣，經過一個長時期的累積之後，我們就漸漸地有了優勢，能走在別人的前面了！

數十年後，當年的小學生相約回到母校，看望當年的班級老師。

坐在當年的教室裏，大家發現：當年的好學生，基本上是今天的成功人士；當年的較差學生，今天基本上還在社會的底層。難道真的是「三歲看老」，在少年階段就可以判斷出一個人一生的走勢？

老師說話了：「這是有道理的，你們別不服氣。你們當年在學校學習，每隔一段時間就有一次考試，好學生每次都比你們多幾分。每一次考試，檢查的是這個階段的知識學習和累積，這個階段，你差了一點，下一個階段，你又差了一點，幾百次考試下來，你的分數比人家差了多少？」

「走入社會，也有不斷的考試啊！同樣道理，這次你差了一點，下一次，你又差了一點，慢慢累積下來，這差距就大了！」

「而且，在社會上，沒有學校裏升級的公平。人家考一百分升入五年級，你考六十分也升入了五年級。社會上人家考得好，升了一個台階，你沒有考好，就在原地踏步，下一次，升六年級時，說不定你連考試的機會都沒有了呢？」

「這樣下來，今天的這種狀況就很正常了，是不是？」

學生們默默無語，包括我在內。

從學校回來後，我很長時間都在想老師的話，確實是人生智慧之談。我想，我還能對老師的話做些補充，那就是：

今天雖然我們已經人到中年，但比賽和考試仍然沒有結束，在我們沒有走進墳墓之前，一切都不會蓋棺定論，都還在變化。我要爭取的是，把手頭的每件事情都盡全力做好，爭取每件事情都比他們多得幾分，只要養成這樣一個積極的習慣，堅持下去，我就還有機會！

說著容易做著難，但只要有了這樣的決心，再啟動腦筋，總會有比別人多收穫的機會的。我們來看兩個故事：

美國肯德基炸雞店在決定進入中國大陸市場之前，曾先後派過兩位執行董事到北京進行考察。第一位考察者來到北京街頭，看到川流不息的人潮，就回去報告說：「中國大陸市場大有潛力。」但是他被總公司以缺乏足夠的證據為理由降職，調動了工作。

第二位考察者到北京後，用了三個星期時間，在幾條寬窄不同的街道上測出行人流量，然後又向一千多個不同年齡、不同職業的人詢問他們對炸雞味道、價格以及炸雞店設計等方面的意見，還對北京的雞源、油、麵、鹽、菜及北京雞的飼料進行了調查，並將樣品、資料帶回到美國，逐一進行分析，打出報告表，從而得出肯德基打入北京市場有巨大商機的結論。果然，第一家北京肯德基開張不到一年就盈利二百五十萬美元。這位考察者自然得到了重用。

同樣一項任務，兩個人去做，工作態度、工作方法各不相同，結果一個被貶，一個提升。從此例中，我們不難悟出一些做人處事的道理。

曾任北京外交學院副院長的任小萍女士說，在她的職業生涯中，每一步都是組織上安排的，自己並沒有什麼自主權。但在每一個崗位上，她也有自己的選擇，那就是要比別人做得更好。

一九六八年，任小萍成為北京外語學院的一名工農兵學員。當時她年紀最大，水準最差，第一堂課就因為回答不出問題而站了一堂課。第二天，教室裏掛出一條橫幅：「不讓一個階級兄弟掉隊」，她就是這個「階級兄弟」。但等到畢業的時候，她已成為全年級最好的學生之一。

大學畢業後她被分到英國大使館做接線員。做一個小小的接線員，是很多人覺得很沒出息的工作，任小萍卻把這個普通工作做出了成績。她把使館所有人的名字、電話、工作範圍，甚至連他們的家屬名字都背得滾瓜爛熟。有些電話進來，有事不知道該找誰，她就會多問問，儘量幫他們準確地找到人。慢慢地，使館人員有事要外出，並不是告訴他們的翻譯，而是給她打電話，告訴她會有誰來電話，請轉告什麼，有很多公事、私事也委託她知會，任小萍成為全面負責的留言點、大秘書。

有一天，大使竟然跑到電話間，笑咪咪地表揚她，這是破天荒的事。結果沒多久，她就因工作出色而破格調去給英國某大報記者處做翻譯。

該報的首席記者是個名氣很大的老太太，得過戰地勛章，授過勳爵，本事大，脾氣大，把前任翻譯給趕跑了，剛開始也不要任小萍，看不上她的資歷，後來才勉強同意一試。一年後，老太太經常對別人說：「我的翻譯比你的好上十倍。」不久，工作出色的任小萍就被破例調到美國駐華聯絡處，她做得又同樣出色，獲外交部嘉獎。

同樣的小事情，有心人做出大學問，不動腦子的人只會來回跑腿而已。別人對待你的態度，就是你做事情結果的反應，像一面鏡子一樣準確無誤，你如何做的，它就如何反射回來。

一個人在無法選擇工作時，至少他永遠有一樣可以選擇：就是好好做還是得過且過。在同一種工作職位上，有的人勤懇敬業，付出的多，收穫也多，有的人整天想調到好的工作單位，而不做好眼前的事。其實，這樣的選擇就決定了將來的被選擇。

我們手頭的每件小事情都是我們人生事業的基石，我們能不能把它做得更好一點？今天的這些事情做不好，想再多的大事情都是沒有用的。

涓涓細流，匯成江海。優勢和成就是一點點累積出來的，因為羅馬不是一天建設成的！

第七朵玫瑰：要想比別人多收穫一點，那麼最重要的秘訣就是要比他們多做一點，而且要長久地堅持下去！很多人總是把自己的工作直接與眼前的報酬掛鉤，要求絕對地公平合理，否則，多做了就是自己吃了大虧。這是一個非常非常嚴重的錯誤！

一九四〇年，一位名叫葛朗華的奧地利青年逃脫了希特勒統治下的德國，最後逃亡到了美國，歷盡艱辛，終於在《時代》雜誌的外國新聞部找到了一份送稿件的工作，每天工作職責之一，便是把作家們的稿件油印，然後送往設在另一棟大樓的外國新聞編輯部。

工作不惜力、不偷懶的葛朗華送稿的速度卻總是很慢，因為他一邊走，一邊為這些文章編分章節、插做標題等。他走到外國新聞編輯部時，也正擬妥一份讓文章更出色的編輯建議。

葛朗華的才華很快在全公司引起注目，多年後，《時代》出版集團出了一位名叫葛朗華的總編。

一個人的成功，有時純屬偶然。可是，誰又敢說，那不是一種必然？

在本文叢的第一本書《你在忙什麼》中，我有一篇文章，題目叫做「你在為誰工作」，後來有人做了一本書，書名也叫《你在為誰工作》，至今還在某些地區的暢銷書排行榜上。我不敢斷定作者是否受到拙文的啟發，但立意是差不多的，那就是：

無論誰在付給你薪水，我們都要清楚，我們是在為自己工作！

葛朗華剛開始只是大公司中的一個不起眼的小職員，但他有一個特點：做了許多「份外」的工作。送稿生嘗試著編輯稿件，他的老闆並沒有要求他做這些事，也沒有為其支付薪水，但他卻做了，最終得到了提升。

葛朗華是在多做一些事情中不斷學習，鍛鍊和提高了自己的能力和水準，他嘗試著去做編輯的工作，最終成為了總編輯。

在「你在為誰工作」那篇文章中，我曾經講一個關於伯利恆鋼鐵公司的創始者齊瓦勃的故事。

齊瓦勃出身貧寒，很小的時候就為了生計而外出打工。當他在鋼鐵大王卡耐基所屬的一個建築工地打工時，其他人都在抱怨工作辛苦、薪水低，而齊瓦勃卻默默地累積著工作經驗，並自學建築知識。

一天晚上，同伴們在閒聊，唯獨齊瓦勃躲在角落裏看書。那天恰巧公司經理到工地檢查工作，經理看了看齊瓦勃手中的書，又翻開他的筆記本，什麼也沒說就走了。第二天，公司經理把齊瓦勃叫到辦公室，問：「你學那些東西幹什麼？」齊瓦勃說：

「我想我們公司並不缺少打工者，缺少的是既有工作經驗、又有專業知識的技術人員或管理者，對嗎？」經理點了點頭。不久，齊瓦勃就被升任為技師。打工者中，有些人諷刺挖苦齊瓦勃，他回答說：「我不光是在為老闆工作，更不單純為了賺錢，我是在為自己的夢想工作，為自己的遠大前途工作。我們只能在業績中提升自己，我要使自己工作所產生的價值，遠遠超過所得的薪水，只有這樣我才能受到重用，才能獲得機會！」抱著這樣的信念，齊瓦勃一步步升到了總工程師的職位上。二十五歲那年，齊瓦勃又做了這家建築公司的總經理。

哈佛大學曾做過一個有趣的心理調查，調查很簡單，只是幾個電話測試而已。調查人員給調查的對象打了個電話，問說：「你現在在做什麼？」

「上班。」

「上班感覺怎樣？」

「沒勁極了，枯燥乏味。」

「那你希望做點什麼？」

「再等兩個小時下班就好了，我可以和同事一起去酒吧。」

兩個小時後，調查人員又打了他的電話。「你現在在做什麼？」

「和同事在酒吧。」

「感覺應該好些了吧。」

「還是沒勁，都是些無聊的話題，我正打算去找女朋友。」

過了一小時，調查人員再次撥通了他的電話。

「和女朋友在一起快樂嗎？」

「別說了，煩死啦。說話時，有個女同事打來電話，詢問工作上的事情，女朋友硬是要我交代是不是有劈腿了。你說這哪能不煩？算了，我還是回家休息吧。」

到了晚上，調查人員的電話剛撥通，這個被調查者就先開口了：「別問了，很沒勁，雜誌翻完了，光碟看完了，有點寂寞。」

「那你想怎樣？」

「還是上班好，明天工作努力點，好讓薪水多增加點。」

很多人有這樣一個認為：

我是在為老闆工作，薪水一定要和我的工作等價交換(超額當然更好)，也就是說，你在用錢來購買我的勞動，你出什麼樣的價錢，我就提供什麼樣的品質。份內的事情都想偷工減料，就更別說主動做些份外的工作，多做了工作，沒有拿到錢，豈不是吃虧了？而且，工作是枯燥乏味的額外負擔，盼望著早點下班去做點別的事情。

如果你認為你是在為別人工作，那麼上述的想法是很正常的，但結果也通常是你永遠只能為別人工作。

如果你認為你是在為自己工作，要盡可能多做，抓住一切機會為公司創造利益，為老闆分憂，在不知不覺中，你的能力會大有長進，你也將會有自己的一番事業。

我們可以這樣定義自己的工作報酬：

工作的報酬和收穫＝公司支付的薪水或其他直接的收益＋上司、同事以及客戶對自己的評價＋自己能力的提高和經驗的累積＋完成工作的成就感和快樂。

我們可以清楚地看到：除了直接拿到手的薪水外，我們還有很多其他的收穫。

我是在為自己工作啊！比別人多做一點，終將會多收穫一點！

比爾提醒自己：不管老闆怎樣對待我，同事怎樣嘲笑我，我都要把所有的工作當成自己的事情來做，而且盡可能多做！

第八朵玫瑰：敢於與眾不同是所有想成功者的必備心態，要有承受眾人異樣眼光的承受能力；要敢於超越他們，敢於展現自己的能力，敢於上台表演；一句話，要敢於走在他們前面，並承受必要的孤獨和尋求新的夥伴！

美國鋼鐵大王卡內基小的時候家裏很窮，有一天，他放學回家時經過一個工地，看到一位穿著華麗像老闆模樣的人在那裡指揮工人幹活。

「請問你們在蓋什麼？」他走上前去問那位老闆模樣的人。

「要蓋個摩天大樓，給我的百貨公司和其他公司使用。」那人說道。

「我長大後要怎樣才能像你這樣？」卡內基以羨慕的口吻問道。

「第一要勤奮工作」。

「這我早知道了，老生常談，那第二呢？」

「買件紅衣服穿！」

聰明的卡內基滿臉狐疑：「這和成功有關嗎？」

「有啊！」那人順手指了指前面的工人說：「你看他們都是我的手下，但都穿著清一色的藍衣服，所以我一個也不認識」。

說完他又特別指向其中一位工人：「但你看那個穿紅襯衫的工人，我長時間注意到他，他的身手和其他人差不多，但是我認識他，所以過幾天我會請他做我的副手。」

敢於與眾不同，是成功者的第一思維模式。

「買件紅衣服穿！」看似簡單，實際上很有道理。這一點簡單的外在差異，就讓衣服的主人在清一色的藍衣服中跳脫了出來，讓主管注意到了他。那麼敢於穿與別人不一樣的衣服，潛意識中也許就是有一種自信：我與他們不一樣，我比他們強！我渴望引起別人的注意，我有信心，我的工作表現能得到他們的讚賞！

我們都曾經在學校度過漫長的學生生涯，大家都知道，在大學是沒有每個人的固定座位的。那麼，在進入教室選擇座位時，一般來說，好學生和較差學生是不同的；好學生經常坐在前排的比較醒目的位置上，在老師的眼皮底下，也希望引起老師的注意，能夠與老師交流；而對這門課程不太感興趣的學生則有意識地坐在後面，不願意讓老師注意到自己、提問自己。

也就是說，有信心的人願意在焦點之下，願意展現自己；而沒有信心者則希望混同於人群之中，不被單獨注意到，是一種逃避的心理。

所以，大家都穿藍衣服的時候，你穿一件紅衣服，那麼，你就會比別人多了許多被注意的機會。當然，前提是你想「出人頭地」！

這是一個走向成功的小竅門。

我成長於環境複雜的紐約市勞工區切爾西。時值嬉皮士時代，我身穿大喇叭褲，頭頂阿福柔犬蓬蓬頭，臉上塗滿五顏六色的彩妝，為此，常遭到住家附近各種人士的批評。

有一天晚上，我跟鄰居友人約好一起去看電影。時間到了，我身穿扯爛的吊帶褲，一件綁染襯衫，以及一頭阿福柔犬蓬蓬頭。當我出現在朋友面前時，她看了我一眼，然後說：「妳應該換一套衣服。」

「為什麼？」我很困惑。「妳扮成這個樣子，我才不要跟妳出門。」

我怔住了：「要換妳換。」於是她走了。

當我跟朋友說話時，母親正好站在一旁。這時，她走向我：「妳可以去換一套衣服，然後變得跟其他人一樣。但妳如果不想這麼做，而且堅強到可以承受外界嘲笑，那就堅持妳的想法。不過，妳必須知道，妳會因此引來批評，妳的情況會很糟糕，因為與大眾不同本來就不容易。」

我受到極大震撼。因為我明白，當我探索另類存在方式時，沒有人有必要鼓勵我，甚至支持我。當我的朋友說：妳得去換一套衣服時，我陷入兩難抉擇：倘若我今天為妳換衣服，日後還得為多少人換多少次衣服？我心想，母親是看出了我的決心，她看出我在向這類同化壓力說「不」，看出我不願為別人來改變自己。

人們總喜歡評判一個人的外形，卻不重視其內在。要想成為一個獨立的個體，就要堅強到能承受這些批評。我的母親告訴我，拒絕改變並沒有錯，但她也警告我，拒絕與大眾一致是一條漫長的路。

我這一生始終擺脫不了與眾一致的議題。當我成名後，我也總聽到人們說：「她在這些場合為什麼不穿高跟鞋，反而要穿紅黃相間的運動鞋？她為什麼不穿洋裝？她為什麼跟我們不一樣？」到頭來，人們之所以受到我的吸引，學我的樣子綁黑人細辮

子頭，又恰恰因為我與眾不同。（「美」琥碧・戈柏）

相信很多讀者對琥碧・戈柏這位美國著名的黑人女演員並不會陌生，她主演的《修女也瘋狂》註定是載入史冊的一部經典影片，其扮演的修女就是一個很另類的角色。倘若我今天為你換衣服，日後還要為多少人換多少次衣服？換來換去，還有自己嗎？要獨立另類，走出自己的路，首先要有堅強的心理素質。

為什麼這樣說呢？

任何一種動物，都會面臨一種矛盾的選擇：混跡於同類之中，會感到安全，但相對的欠缺是平庸；與眾不同、出類拔萃了，雖然風光得意，但與之相伴的卻是壓力與孤獨。人也不例外，而且，最要命的是，我們追求成功就是要超越同輩，超越原先所在的群體，當你把大家都甩到背後時，你既要承受迎前的阻力，邁越各種前人未經的坑坑洞洞，還要忍受背後上的各種目光，甚至是暗箭！

優秀，成功，就是要與眾不同！這是我們必要的心理準備！

原先的朋友和熟悉的圈子，漸漸離去，新的生活和天地在等著你！

本來大家平起平坐，親密無間，但某一天你發達了，你有了一個新的介面，這時你會如何對待這些以往成天混在一起的老朋友呢？其實，這時候很多人潛意識中會產生一種內疚感。

美國卓有成就的記者、作家皮特・哈密爾在自傳《縱酒的一生》中，提供了一個最好的例子。

皮特在一個工人居住區長大，經濟不景氣時，大批工廠關閉，大白天酒吧裏也坐滿了悶頭喝酒的人。父親督促皮特學些藍領階層的餬口本領，可是他卻想當一名作家。「你以為你是誰？」這是左鄰右舍對他的抱負做出的一致反應。

事實證明，皮特最終實現了自己的理想，成為一個才華出眾的文人。但出於潛意識中的贖罪心理，他開始經常與老朋友一起酗酒。「那些人認為他們是失意者，而我是發達者，如果我僅僅是他們之中的一個酒鬼，穿著他們的鞋出去嘔吐，又有誰會說我是勢利眼，說我忘了朋友呢？喝得醉醺醺地，說明我沒有覺得自己多神氣，也不會忘本。」

但光陰卻迅速地在爛醉迷糊中一閃即逝，最後，皮特終於意識到，不管他自以為欠朋友們什麼，但絕不欠一樣東西—得肝硬化早逝。他收起了酒瓶，開始重新做人。

你成功了，把朋友甩開距離，這並不是你的過失，即使在一起再也沒有了共同語言，共同的娛樂方式，也不存在誰欠誰的問題，也不意味著你神氣起來，瞧不起老朋友。如果你覺得不對勁，那麼你願意重新退回原處去過老日子嗎？

朋友原本就是生命旅途中的同路人，有的人可能會陪伴你走較長的路，有的人則要短些，但是接著往前走，會有新的朋友。

第九朵玫瑰：困難總會有的，一個人無論多麼能幹，總有力不從心的時候，總有需要別人幫助的時候。我們要學會善於爭取幫助，善於團結和激勵周圍的人，善於帶領一個團隊前進。

星期六上午，一名小男孩在他的玩具沙箱裏玩耍。沙箱裏有他的一些玩具小汽車、敞篷車、塑膠水桶和一把閃亮的塑膠剷子。在鬆軟的沙堆上修築公路和隧道時，他在沙箱的中間發現一塊巨大的石頭。

小男孩開始挖掘石頭周圍的沙子，企圖把它從泥沙中弄出去。他是個很小的小男孩，而石頭卻相當巨大。手腳並用，似乎沒有費太大的力氣，石頭便被他連推帶滾地弄到了沙箱的邊緣。不過，這時他才發現，他無法把石頭向上推動、翻過沙箱邊牆。

小男孩下定決心，手推、肩擠、左搖右晃，一次又一次地向石頭發起衝擊，可是，每當他剛剛覺得取得了一些進展的時候，石頭便滑脫了，重新掉進沙箱。

小男孩氣得哼哼直叫，拚出吃奶的力氣猛推猛擠。但是，他得到的唯一回報便是石頭再次滾落回來，砸傷了他的手指。

最後，他傷心地哭了起來。這整個過程，男孩的父親從起居室的窗戶裏看得一清二楚。當淚珠滾過孩子的臉龐時，父親來到了眼前。

父親的話溫和而堅定：「兒子，你為什麼不用上所有的力量呢？」

垂頭喪氣的小男孩哭泣說：「但是我已經用盡全力了，爸爸，我已經盡力了！我用盡了我所有的力量！」

「不對，兒子，」父親親切地糾正說：「你並沒有用盡你所有的力量，你沒有請求我的幫助。」

父親彎下腰，抱起石頭，將石頭搬出了沙箱。

人互有長短，你解決不了的問題，對你的朋友或親人而言或許就是輕而易舉的，記住，他們也是你的資源和力量。

一個好漢三個幫。無論我們自己有多麼能幹，我們都有需要別人幫助的時候，那麼，怎麼樣才能讓別人心甘情願地幫助自己呢？

請求別人幫忙的技巧，是一個七十多歲，容貌優雅的女士，在許多年以前教我的。她臉上只有兩種表情，快樂或是非常快樂。

有一天晚上，在人際關係的課堂上，我正和學生討論到店員讓他們受氣的情形。我們舉了很多例子，有些店員對顧客根本不理不睬，有的則態度惡劣，沒有禮貌。

最後輪到這位女士發言，她說：「我並不責怪這些可憐的店員，有時顧客對她們也很不客氣，不尊重她們。我常常享受她們最親切的服務，她們都對我很好，我有一套方法。」

於是她告訴我們她的方法：「我走到店員前面，向她微笑著說：『妳可以幫我忙嗎？』我幾乎從來沒有被拒絕過。」

有誰忍心拒絕一位笑臉迎人、可愛的婦人的請求協助？

不過這只是秘訣的前半段。她繼續解釋後半段：「我很快再補充說，我對我所要買的這項東西不很瞭解，我需要店員提供意見。不管我只是買一個小小的鈕釦或買冰箱，我都運用同樣的方法。那些店員總是親切地想幫我忙，而且盡可能拿所有的樣式出來給我挑選。」

你可以將這方法運用到機票櫃檯、百貨公司、旅館、計程車和餐廳，你還可以更廣泛地運用到很多地方。

上述技巧，是一個最低層面的技巧。其實，如果我們要成就一番事業，我們需要的就不僅僅是在遇到困難時，請求陌生人的幫助，我們要做的是建立自己的「嫡系隊伍」——一支跟隨自己實現一個目標的、能攻善守的團隊。

建立這樣的團隊，要有以下的要素：

一、共同的目標和追求，即所謂的志同道合；

二、主要人物具有互補的性格和能力特點；

三、核心人物要有一定的管理才能和人格魅力；

四、用利益團結人，用文化吸引人，用理念激勵人；

五、用制度保證團隊的高效運作以及合理分配。

古今中外，所成大事者，都有追隨自己的「死黨」，政治、經濟、軍事等等，概莫能外。

小班子也好，大圈子也好，有了隊伍，就有了更大的勢力、能力，退可抗擊風險，進可引領潮流。

如果你自認為不是領袖的材料，那麼你就選擇一個好的團隊，蒼蠅「附之驥尾」，也「可達千里」；如果你有更大的抱負，那就要有意識地建立、經營自己的團隊，為成就事業做人力資源的準備。

用人，籠絡人，都是大學問，有多少專著都在討論這個問題，我們不再做多的討論，再給大家講兩個領導者的小故事吧。

日本松下公司的創始人松下幸之助以經營技巧高超，管理方法先進，被譽為「經營之神。」

後滕清一原是三洋電機公司的副董事長，後來投奔松下公司，在擔任廠長時，工廠失火燒掉了。後滕清一心中十分惶恐，以為不被革職也要降職。不料松下接到報告後，只對他說了四個字：

「好好做吧！」

松下這樣做，並不是姑息部下的過錯。以往，即使只是打電話的方式不當，後滕也會受到松下嚴厲的斥責。這種作風可以說是松下管人的秘訣。由於這次火災發生後沒有受到懲罰，後滕自然會心懷愧疚，對松下也會更加忠心效命，並以加倍的工作來回報。

松下的這種做法，巧妙地抓住了人類的心理。在犯小錯誤時，本人多半並不在意，因此需要嚴加斥責，以引起他的注意；相反犯下大錯誤時，傻子也知道自省，因此就不必要再去給予嚴厲的批評了。

注意小錯防止大錯的發生，當大錯發生時，無法挽回損失，還不如收買人心為妙。

玫琳凱是美國著名的女企業家，她以五千美元起家，用三十年的時間，建立了一個年營業額達二十億美元的化妝品帝國。玫琳凱在管理公司時，非常注意激發部下的熱情活力，讓他們充滿激情地投入到工作中去。她說，之所以這樣是因為有一個故事給了她莫大的啟發。

有一次，玫琳凱邀請了一位知名人士給公司員工演講。但是他的班機晚了點，因而在他到達之前，作為主持人的玫琳凱不得不安排其他節目，並親自上台演講，直到得到暗示說他已經到達後台。

當玫琳凱在台上介紹這位先生時，卻發現他在後台捶打著自己的胸膛，不斷地跳上跳下，看上去就像一隻大猩猩！玫琳凱心中忐忑不安：我的天！我正在這裡說這些讚美之詞，而他卻如此「發作」。

當這位先生上台演講時，他神采飛揚，充滿激情，演講極其精彩，效果出乎意料地好。

事後，玫琳凱問他：「你幾乎把我嚇了個半死。你為什麼要在後台那樣捶胸頓足，而且上竄下跳？」

「玫琳凱，」他說：「我的工作就是激勵別人，但有些時候我自己卻很糟糕。比如今天，飛機誤點搞得我心緒煩躁又很疲憊。但我知道你們正期待著一位有激情、有活力又滿懷熱忱的演講者，尤其是當看到觀眾席上那些充滿希望的面孔時，我更覺得我不能向你們訴苦，我必須做出一副很有活力的樣子。而我發現，只要做一些練習和捶自己胸膛就可以讓自己熱血沸騰，我的感覺也就好多了。」

用一些簡單易行的方法使自己保持著激情活力，這樣也可以使你的團隊充滿活力。

第十朵玫瑰：如果你將前面的九朵玫瑰的啟示都落到了實處，那麼經過了九個月的時間，你已經取得了一些明顯的進步，上了一個新台階。在這個階段，你又需要檢點自己的心態了。首先要做的是：更加愛你周圍的人，體諒他們，幫助他們！

數年前看過L・漢斯貝里的一部戲《陽光下的葡萄乾》，其中一段至今難忘。戲中，一個非裔美籍家庭從他們父親的人壽保險中獲得了一萬美元。母親認為這筆遺產是個大好機會，可以讓全家搬離哈林貧民區，住進鄉間一棟有園子可種花的房子。聰明的女兒則想利用這筆錢去實現念醫學院的夢想。

然而大兒子提出一個難以拒絕的要求。他乞求獲得這筆錢，好讓他和「朋友」一起開創事業。他告訴家人，這筆錢可以使他功成名就，並讓家人生活好轉。他答應只要取得這筆錢，他將補償家人多年來忍受的貧困。母親雖感到不妥，最後還是把錢交給了兒子。她承認他從未有過這樣的機會，他配獲得這筆錢的使用權。

不難想像，他的「朋友」很快帶著錢逃之夭夭。失望的兒子只好帶著壞訊息，告訴家人未來的理想已被偷竊，美好生活的夢想也成為過去。妹妹用各種難聽的話譏諷他，用每一個想得出來的字眼來責罵他。她對兄長生出無限的鄙視。

當她罵得差不多時，母親插嘴說：「我曾教妳要愛他。」

女兒說：「愛他？他已沒有可愛之處。」

母親回答：「總有可愛之處。妳若不學會這一點，就什麼也沒學會，妳為他掉過淚嗎？我不是說為了一家人失去了那筆錢，而是為他，為他所經歷的一切及他的遭遇。孩子，妳覺得什麼時候最應該去愛人？當他們把事情做好，讓人感到舒暢的時候？若是那樣，妳還沒有學會，因為那還不到時候。不，應當在他們最消沉，不再信任自己，受盡環境折磨的時候。孩子，衡量別人時，要用中肯的態度，要明白他走過了多少高山低谷，才成為這樣的人。」

那是恩典！是本來不配得到的愛，而非賺來的寬恕，是如同清新溪流般瀉下，澆息憤怒指責的恩賜。（〔美〕托尼・勘波）

經過一段時間的努力，當你駐足回首時，你會驚訝地發現：不知不覺間，你已經走出了很遠。那些沒有下決心改變、沒有制定計劃堅決行動的人，已經被你甩在了後面，也就是說，你已然小有所成！

雖然比上還有不足，但比下已經有餘了。

在這個時候，我們有理由為自己感到驕傲；我們透過自己的努力和智慧，改變了原來的不理想狀況，取得了一定的成就，當然也改善了生活水準，衣食無憂，過上了有品質的體面生活。

在這個時候，我們也許會有一個新的傾向：把自己菁英化，瞧不起那些落在自己身後的人。其實，我們應該提醒自己：上帝賜予我們才華和智慧，不僅僅是為了我們自己；我們能有今天的成就，也不完全是靠自己；我們還有對世界的一份責任！而且，如果我們自私地不承擔這份責任，那麼，我們的富裕就如同沙漠中的綠洲，是無法長久保有和存在的。

前一個階段，我們改變了自己；下一個階段，我們要力所能及地為社會和世界做些有益的事情。在這個過程中，我們才能找到新的成功，昇華自己，獲得更多的成就感和快樂。

德雷莎修女生前曾說：「窮是上帝給的禮物。」

對生命沒有慚愧與遺憾的人，內心永遠飽滿自在。德雷莎修女與戴安娜王妃見面時，兩人穿的衣服不能相比，可是，德雷莎修女絲毫不感到自卑，因為她一生都對世界有所付出，她擁有無數「上帝的禮物」，所以，心中就不會有缺憾。

有個朋友黃少祺，一年冬天，馬上要過春節了，我在火車站送客時，巧遇上他，他當時非常落魄，正為行人擦皮鞋。在與他聊著的時候，知道他在某鞋廠辛苦賺的一年的薪水，全被小偷拿走了。他用的是「拿」字，因為他相信，小偷可能比他更窮。他對窮人總是心懷憐憫，甚至不忍心用一個「偷」字。

為了賺足回四川老家的路費，他臨時擺個攤為行人擦皮鞋。黑市的車票奇貴，他買不起，可是要買到第一手車票，又比回「蜀國」還難。我決定幫他，用自己的記者證開了個後門，為他買了一張硬席座位票，無形中為他省了三百多元。他非常感激，說了一句使我終生難忘的話：「這個春節，是你給的！」

他言重了，我只是盡了舉手之勞，花不了多少力氣。但他說：「你用了心，這是最重要的！」他昇華了我。一件小小好事，讓我心情變得特別好。這正是德雷莎修女生前所倡導的—用很大的愛，做小小的善事。

現在，少祺與我仍有聯繫。逢年過節，都會收到他誠摯的問候與祝福。從這個意義上說，獲益者是我，他讓我感到人生的美好。這個世界上，處處充滿愛的呼應。不要只盯著富人的華服香車，其實，窮人赤誠的目光，一樣是珍貴的，它讓你堅持，讓你覺得還有許多事要做，更讓你覺得一枚善良的硬幣扔進捐助箱裏，有「叮叮噹噹」美麗的回音。

我曾經窮過，現在仍不算富，而且還有許多「窮親戚」包圍著。但我能感覺到，盡自己所能給予需要幫助的人一點兒希望，是多麼美好的事情。「窮」是我們永遠的參照系。它讓我們學會惜福、寬容與善良，讓我們體會到用自己大大的愛，做一點兒小小的善事，會是多麼開心。這一點點的愛，傳播出去，擴散開來，就能匯聚成愛的海洋。

這些幫助不在於它數目的大小，它的意義在於在這種類似接力賽的過程中，會在許多心靈中播下愛的種子，從而使行善成為很多人的習慣。

印度一位名叫梅農的人初抵新德里，想在政府機關找份工作，但是他剛抵達目的地，所有的財物便在火車站被偷光。他進退維谷，於是他向一位年老的錫克教徒訴說他的苦處，希望能借到十五盧比暫時應急，一找到工作就償還。那人把錢借給了他，但當梅農向他要住址以便日後把錢償還時，他硬不肯給，只是說，施恩的是一個陌生人，接受施恩的也該是一個陌生人。

梅農終身不忘這筆債，後來以行善出了名。不久以前，我在孟買機場寄存行李櫃檯前想領回我的行李，可是身邊沒有印度錢幣，服務員不肯收旅行支票。這時，我旁邊一位陌生人替我付了寄存行李費，然後把梅農的故事講給我聽，又叫我不必計較該還給他多少錢。他解釋說：「他父親是梅農的助手。」

從一位不知名的錫克教徒到一名印度公務員再到他的助手，再從助手到他兒子然後到一個當時狼狽萬分的外國人，雖然所贈有限，其心意遠遠超過錢的數額，它使我

覺得很幸運，同時也令我時時想起，我該為別人做點什麼？（〔美〕羅伯特・費羅斯）

第十一朵玫瑰：在一定階段之後，我們的財富和成就中已經更多地融入了社會性，它不僅僅是你個人的，而是整個社會的。別把自己的名聲、成就和財富太當一回事，否則，它們就會成為你辛苦得來的包袱，揹載著它們，你無法前進，也很難體會到快樂。

布思・塔金頓是二十世紀美國著名小說家和劇作家，他的作品《偉大的安伯森斯》和《愛麗絲・亞當斯》均獲得普利茲獎。在塔金頓聲名最鼎盛時期，他在多種場合講述過這樣一個故事：

那是在一個紅十字會舉辦的藝術家作品展覽會上，我作為特邀的貴賓參加了展覽會。其間，有兩個可愛的十六、七歲的小女孩來到我面前，虔誠地向我索取簽名。

「我沒帶原子筆，用鉛筆可以嗎？」我其實知道她們不會拒絕，我只是想表現一下一個知名作家謙和的對待一般讀者的大家風範。

「當然可以。」小女孩們果然爽快地答應了，我看得出來她們很興奮，當然她們的興奮也使我倍感欣慰。

一個女孩將她的非常精緻的筆記本遞給我，我取出鉛筆，瀟灑自如地寫上了幾句鼓勵的話語，並簽上我的名字。女孩看過我的簽名後，眉頭皺了起來，她仔細看了看我，問說：「你不是羅伯特‧查波斯啊？」

「不是」，我非常自負地告訴她，「我是布思‧塔金頓，《愛麗絲‧亞當斯》的作者，兩次普利茲獎獲得者。」

小女孩將頭轉向另外一個女孩，聳聳肩說道：「瑪麗，把妳的橡皮擦借給我用用。」

那一刻，我所有的自負和驕傲瞬間化為泡影。從此以後，我都時時刻刻告誡自己：「無論自己多麼出色，都別太把自己當一回事。」

古希臘有位大富豪在邀請大哲學家蘇格拉底時，對他誇耀自己擁有的土地和財富是如何的廣大眾多。

蘇格拉底向他要了一張世界地圖，攤開後對他說：「能否請您在這地圖上標出您的土地？」

這個富豪張口結舌說：「開玩笑，這是世界地圖啊，我的地產怎麼可能在地圖上找得到？」

蘇格拉底撇著嘴說：「那你實在不該誇耀你的財富，因為在地圖上都找不到呢！」

無論你是多大的官、多大的作家、多大的明星、多大的富翁……，總有人不知道你、不喜歡你；無論你有多大的貢獻和成就，你都是人類的六十億分之一。

別把自己太當一回事，除了在你的家人面前。也許只有對於他們而言，你才是這個世界上獨一無二的存在。

在別的文章中，我曾簡單地估算過一個人一生的費用：一個人，如果過一種相對簡單而健康的生活，那他這一生，其實是用不了多少錢的。在獲得了足夠生活用的錢之後，更多的錢，已經失去了對他個人的實在物質意義，只是一個標誌成功的符號而已。那麼這個時候，「你的錢」實際上已經變成了社會財富。

另一個比爾，就是那個聲名顯赫的、微軟的老闆比爾•蓋茲，他是世界首富，擁有近千億美元；可是，這些錢對他又有什麼實際的用處呢？在美國，一個一般富翁的體面生活也不過耗費十到十五萬美元，一生的花費也不過百餘萬美元。

在別的國家，這個數字則要做出相對的調整。

如果你不滿意這個數字，非要去窮奢極慾，那麼，上帝他老人家是不會高興的，因為他給予整個地球的資源都是有限的，他希望人們過一種健康的生活，而不是奢華的變態。

有人在醫院做過以下兩個調查。

一組是在臨危病房中，調查當一個人不可避免地走到生命盡頭時，他對家人會囑託些什麼。

從來沒有人說：「要是我多賺十萬塊就好了。」、「要是我多升一級官就好了。」也沒有人說：「好好照顧我的房子和車子。」大部分人都在說：「好好照顧你媽媽。」、「好好照顧孩子們。」

幾乎沒有人還在想錢，想到的都是親人的愛。

另一組調查在婦產科進行，把隨機選出的嬰兒分成兩組。第一組每天抱起來撫摸三次，每次十分鐘；第二組完全不撫摸，結果第一組體重增加的速度是第二組的二倍。

兩組調查說明：「人從一來這個世上，最需要的就是愛，可惜的是許多人在臨告別世界時才意識到這一點。」

從一九三三年起，居里夫人的年薪已增至四萬法郎，但她照樣「吝嗇」。她每次從國外回來，總要帶回一些宴會上的功能表，因為這些功能表都是很厚很好的紙片，在背面寫寫物理、數學算式，方便極了。她的一件毛料旅行衣，竟穿了一、二十年之久。有人說居里夫人一直到死「總像一個匆忙的貧窮婦人」。

有一次，一位美國記者追蹤這位著名學者，走到村子裏一座漁夫家房舍門前，他向赤足坐在門口石板上的一位婦女打聽居里夫人，當她抬起頭時，記者大吃一驚，原來她就是居里夫人！

居里夫婦發現鐳後，世界各地紛紛來信索求製鐳的方法。怎樣處理這件事呢？某星期日的早晨，他們進行了五分鐘的談話。彼艾爾・居里平靜地說：「我們必須在兩種決定之中選擇一個。一種是毫無保留地說明我們的研究結果，包括提煉辦法在內……」居里夫人做了一個贊成的手勢說：「是，當然如此。」彼艾爾繼續說：「或是我們可以以鐳的所有者和發明者自居。若是這樣，那麼，在妳發表妳用什麼方法提煉鈾瀝青礦之前，我們必須先取得這種技術的專利執照，並且確定我們在世界各地鐳業上應有的權利。」

「專利」代表著巨額的金錢、舒適的生活，代表著傳給子女一大筆遺產……但是，居里夫人堅定地說：「我們不能這麼做，這違背科學精神。」

居里夫人天下聞名，但她既不求名也不求利。不相識的人問她：「你是居里夫人嗎？」她總是平靜地回答：「不是，你認錯了。」她出名以後，幾乎每天都要收到世界各地慕名者要求簽名的來信。為了擺脫這種干擾，她專門印了一種寫著概不簽名的卡片，每逢接到來信，就給對方寄一張……她一生獲得各種獎金十次，各種獎章十六枚，各種名譽頭銜一百一十七個，卻給人一種全不在意的印象。

有一天，她的一位女姓友人來她家做客，忽然看見她的小女兒正在玩英國皇家學會的獎章。於是她說：「這是極高的榮譽，妳怎麼能給孩子玩呢？」居里夫人笑了笑說：「是我想讓孩子從小就知道，榮譽就像玩具，只能玩玩而已，絕不能永遠守著它，否則就將一事無成。」

居里夫人一生潛心於放射性物質的研究，達到了個人事業的頂峰，是一位成功的事業型「女強人」。然而，她同時也是一位賢妻良母。

她一生對丈夫體貼入微，死後與丈夫合葬，她自己沒有墓碑，僅在丈夫的墓碑上刻下一行小字，說明自己的身分。她對孩子們要求很嚴格，她曾自豪地說：「我沒有給孩子們留下萬貫家產，但給他們留下了健康的身體。」後來她的兩個女兒，一個榮獲了諾貝爾化學獎，一個曾著《居里夫人傳》，都成為對社會有傑出貢獻的人。

傑克・倫敦寫出《馬丁・伊登》後，聲名大起，財源滾滾，不僅在加利福尼亞州建了別墅，而且在大西洋海濱購置了豪華遊艇。然而擁有這一切之後，厭倦、空虛、落寞和無聊也接踵而至，最後他被這些給弄瘋了，一九一六年服毒自殺在自己的別墅裏。

生命的本義是什麼？這是我們需要認真思考的問題。在解決了物質的紛擾之後，我們本來可以有更好的條件去做自己喜歡的事情，為世界做出更大的貢獻，可是有的人把名利捲成一個巨大的包袱，日夜不離地揹在自己身上，也有的人陷入了空虛無聊的迷途，失去了前進的方向……

回復到生命的本義上去！

看似一個簡單的輪迴和循環，我們從簡單開始，又要回復於簡單。但在這其中，卻是一個發掘生命價值的必然旅程啊！

第十二朵玫瑰：無論如何，要懷著感恩的心情去生活和面對一切；感恩大自然，感恩所有的人，感恩上帝賜予我們的一切，不躁不悔，幸福快樂地過著我們自己的生活！

從前有個男孩子住在山腳下的一幢大房子裏。他喜歡動物、跑車與音樂。他爬樹、游泳、踢球、喜歡漂亮女孩子。他過著幸福的生活，內心非常滿足。

一天男孩對上帝說：「我想了很久，我知道自己長大後需要什麼。」

「你需要什麼？」上帝問。

「我要住在一幢前面有門廊的大房子裏，門前有兩尊聖伯納德的雕像，並有一個帶後門的花園。我要娶一個高挑而美麗的女子為妻，她的性情溫和，長著一頭黑黑的長髮，有一雙藍色的眼睛，會彈吉它，有著清亮的嗓音。」

「我要有三個強壯的男孩子，我們可以一起踢球。他們長大後，一個當科學家，一個做參議員，而最小的一個將是美式足球球隊的四分衛。」

「我要成為航海、登山的冒險家，並在途中救助他人。我要有一輛紅色的法拉利汽車，而且永遠不需要搭送別人。」

「聽起來真是個美妙的夢想，」上帝說，「希望你的夢想能夠實現。」

後來，有一天踢球時，男孩踢傷了膝蓋。從此，他再也不能登山、爬樹，更不用說去航海了。因此他學了商業經營管理，爾後經營醫療設備。

他娶了一位溫柔美麗的女孩，長著黑黑、長長的頭髮，但她卻不高，眼睛也不是藍色的，而是褐色的。她不會彈吉它，甚至不會唱歌，卻做得一手好菜，畫得一手好花、鳥畫。

因為要照顧生意，他住在市中心的高樓大廈裏，從那裡可以看到藍藍的大海和閃爍的燈光。他的屋門前沒有聖伯納德的雕像，但他卻養著一隻長毛貓。

他有三個美麗的女兒，坐在輪椅中的小女兒是最可愛的一個，三個女兒都非常愛她們的父親。她們雖不能陪父親踢球，但有時他們會一起去公園玩飛盤，而小女兒就坐在旁邊的樹下彈吉它，唱著動聽而久縈於心的歌曲，他過著富足、舒適的生活，但他卻沒有紅色的法拉利。

一天早上醒來，他記起了多年前自己的夢想。「我很難過」，他對周圍的人不停地訴說，抱怨他的夢想沒能實現。他越說越難過，簡直認為現在的這一切都是上帝和他開的玩笑。妻子、朋友們的勸說他一句也聽不進去。

最後他終於悲傷的病倒住進了醫院，一天夜裏所有人都回了家，病房中只留下護士。他對上帝說：「還記得我是個小男孩時，對你講述過我的夢想嗎？」

「那是個可愛的夢想。」上帝說。

「你為什麼不讓我實現我的夢想？」他問。

「你已經實現了。」上帝說：「只是我想讓你驚喜一下，給了一些你沒有想到的東西。」

「我想你該注意到我給你的東西──一位溫柔美麗的妻子，一份好工作，一處舒適的住所，三個可愛的女兒，這是個最佳的組合。」

「是的，」他打斷了上帝的話，「但我以為你會把我真正希望得到的東西給我。」

「我也以為你會把我真正希望得到的東西給我。」上帝說。

「你希望得到什麼？」他問。他從沒想到上帝也會希望得到東西。

「我希望你能因為我給你的東西而快樂。」上帝說。

他在黑暗中靜想了一夜。他決定要有一個新的夢想，他要讓自己夢想的東西恰恰就是他已擁有的東西。

後來他康復出院，幸福地住在四十層的公寓中，欣賞著孩子們悅耳的聲音、妻子深褐色的眼睛以及精美花鳥畫。晚上他注視著大海，心滿意足地看著明明滅滅的萬家燈火。（〔美〕洛伊・塞伯爾德）

檢點生命的得失，夢想與現實之間永遠會有距離和差異，這也許和你的努力程度沒有關係，而只是一種偶然的不確定性。聰明者會把這些看做是上帝的另一種恩賜，懷著感恩的心情去享受現實，而愚蠢的人則會把手中的快樂隨意丟棄。

無論如何，只要我們努力過了，那麼我們得到的都是最適合我們的。

有一位年輕人想到外面闖蕩世界，去做一番轟轟烈烈的大事。臨走的時候，他去拜訪村中有哲人之稱的老者。當這個年輕人說明他的想法後，哲人告訴他：

「孩子，我衷心地支持並祝福你，我給你的忠告只有六個字，先告訴你三個字，那就是『不害怕』；後三個字等你做出些名堂再告訴你。」

年輕人帶著哲人的忠告上路了。

十年後，年輕人成為著名的企業家，他又回來想聽聽哲人後三個字的忠告。但是，哲人已經去世了。

哲人的後人交給他一張紙條，上面寫著三個大字：「不後悔」。

是的，前半生我們要面臨各種艱難的挑戰，「不害怕」是我們生命的起點，是一切的開始。而當我們在一個階段回首看著自己走過的道路時，曲折蜿蜒在所難免，「不後悔」又成為保持心靈寧靜平和的藥方。生命旅程的真諦就是如此：敢闖敢做，無怨無悔！也許人生最大的後悔，就是該努力好好做的時候害怕膽怯而退縮了。既然我們盡力去嘗試過了，無論結果如何，有什麼可後悔的呢？

有隻小狗問自己的媽媽，牠說：「媽媽，媽媽，幸福是什麼？它在哪裡呢？」狗媽媽說：「孩子，幸福就是你的尾巴。」

於是小狗每天都去追自己的尾巴……小狗總是這樣很快樂很堅定地去追逐自己的尾巴，這樣過了很久……

有一天，小狗說：「媽媽，為什麼我這麼努力，仍然抓不住幸福呢？」狗媽媽說：「孩子，有時候幸福並不需要你刻意地去追尋。你只要一直往前走，幸福自然就會跟在你的身後。」

在認真做事、老實做人的時候，幸福自然就會來找你，用心體會就可以了，沒有必要在全世界中去尋找。

往前走，幸福就在身後跟著你！

十二朵玫瑰都綻放過了，比爾要與我們說再見了。

生命本來就是充滿了悲歡離合，相信大家還會見面的。

最後，送大家一首在網上流傳的小詩，很抱歉我不知道作者的名字。但我真的很喜歡它：

生命中不斷地有人離開或進入，
於是，看見的，看不見了，記住的，遺忘了；
生命中不斷地有得到和失落，
於是，看不見的，看見了，遺忘的，記住了；
然而，看不見的，是不是就等於不存在？記住的，是不是永遠不會消失？
遇到你真正的愛人時，要努力爭取和他相伴一生的機會，因為當他離去時，一切都來不及了；
遇到可以相信的朋友時，要好好地和他相處下去，因為在人的一生中，能遇到一個知己真的不容易；
遇到人生中的貴人時，要記得好好感激，因為他是你人生的轉捩點；
遇到曾經愛過的人，記得微笑向他感激，因為他是讓你更懂得愛的人；
遇到曾經恨過的人時，要微笑著向他打招呼，因為他讓你變得更堅強；
遇到現在和你相伴一生的人，要百分百感謝他愛你，因為你們現在都得到幸福和真愛；

遇到背叛你的人時，要跟他好好聊一聊，因為若不是他，今天你不會懂得這個世界；

遇到曾經偷偷喜歡的人時，要祝他幸福唷！因為你喜歡他時，是希望他幸福快樂；

遇到匆匆離開你人生的人，要謝謝他走過你的人生，因為他是你精彩回憶的一部分……

國家圖書館出版品預行編目資料

誰是聰明人 / 肖劍著. -- 臺北市 : 種籽文化,
2020.04

面 ;　公分

ISBN 978-986-98241-5-6(平裝)

1.修身　　2.生活指導

192.1　　109003447

CONCEPT 126

誰是聰明人

作者 / 肖劍
發行人 / 鍾文宏
編輯 / 編輯組
行政 / 陳金枝

企劃出版/喬木書房
出版者 / 種籽文化事業有限公司
出版登記 / 行政院新聞局局版北市業字第1449號
發行部 / 台北市虎林街46巷35號 1 樓
電話 / 02-27685812-3　傳真 / 02-27685811
e-mail / seed3@ms47.hinet.net

印刷 / 久裕印刷事業股份有限公司
製版 / 全印排版科技股份有限公司
總經銷 / 知遠文化事業有限公司
住址 / 新北市深坑區北深路 3 段 155 巷 25 號 5 樓
電話 / 02-26648800 傳真 / 02-26640490
網址：http://www.booknews.com.tw(博訊書網)

出版日期 / 2020 年 04 月　初版一刷
郵政劃撥 / 19221780 戶名：種籽文化事業有限公司
◎劃撥金額 900(含)元以上者，郵資免費。
◎劃撥金額 900 元以下者，若訂購一本請外加郵資 60 元；
劃撥二本以上，請外加 80 元

定價：250元

喬木
書房

喬木書房